JN293194

Ueno Farm's Marvelous Garden

北の大地の夢みるガーデン

上野砂由紀

A Fine Day in Summer

短い夏を満喫しようとたくさんの花が咲き誇る盛夏は
上野ファームの生命力を感じるひとときです

目次

contents →

01 上野ファームへようこそ 006

——上野ファーム・アクセスmap 030

02 片道5kmの妄想力 032

03 イギリスでガーデニング修業 044

04 夢を呼び込む庭作り 057

05 ドラマ「風のガーデン」に参加して 072

——新富良野プリンスホテル・アクセスmap 085

06 北海道ガーデンをめざして 086

上野さんのガーデンノートから

gardening note →

01 上野ファームの花選び 020

02 洋書で美しい庭のイメージトレーニング 031

03 好きな庭をスケッチ 068

04 花の選び方は舞台女優のキャスティングに似ています 070

05 土地の特性をよく把握してガーデンを作る 071

Ueno Farm's Marvelous Garden

北の大地の
夢みるガーデン

イラスト／KANAKO FUKUI

上野ファームへようこそ

Ueno Farm

Marvelous Garden

上野ファームは、北海道・旭川にある農場ガーデン。
私たち一家のプライベート・ガーデンですが、一般に公開もしています。
上野ファームの秘密と庭の魅力をお話しします。

はじめまして
ガーデナーの上野砂由紀です

私は、大雪山系のふもと、北海道・旭川市で生まれ育ちました。旭川は、360度を山に囲まれ、水脈にも恵まれた美しい土地です。上野ファームは、代々続く開拓農家。私の両親もずっとこの土地で農業を営んでいたのですが、私がイギリスで庭作りを学んだのをきっかけに、家族で庭を作り始めました。

私たちの庭は、あくまでもプライベート・ガーデン（個人の庭）。自分たちがコツコツと作った庭をオープンガーデンという形で一般公開しています。きれいな施設があるわけではないし、植物たちも自由に生えているように見えます。雑草も、すまし顔で庭の一部になっているくらい。整然とした完璧なガーデンを期待されると困ってしまいますが、私たちの庭を訪れた人にちょっと幸せになってもらえたら……。そう願いながら、庭を作っています。

ガーデンの敷地は約2000坪。テーマにそって、いくつかのパートに分かれています。

まずは、上野ファームの庭で一番古くからあるマザーズガーデン。名前のとおり、私の母が性格そのままに、自由に作っているガーデンです。時には大胆に、時には繊細な花も入れて植栽しています。娘の私から見ても、次に何が出てくるか予想できないところがあって、母のダイナミックな発想には驚かされてばかりです。

次に、私が管理するミラーボーダー。こちらはイギリス時代のホストファミリーの庭で、とても美しく印象深かったミラーボーダーを参考に、自己流にアレンジした左右対称のガーデン。名前のとおり、鏡合わせ

開園時期を通じて数100種類の花を咲かせるガーデンでは休む時間がありません。
ガーデナーの仕事はある意味では24時間、365日の仕事なのです

に植物が並びます。年数が経つにつれ、植物が成長し、迫力が増しているようです。

それから、サークルボーダーは、4つに分かれた円の庭です。花色のテーマを決めて花を選んでいます。ピンクや赤系、黄色、白、ブルー……4つの色があります。きれいな花色の植物を見つけたら、ここに加えるのが秘かな楽しみ。うっかり違う花色の植物を植えてしまい、花が咲いてからびっくりすることもよくあります。サークルボーダーに続くのは、キャットミントとサルビアの道。この道をパープルウォークと呼んでいます。春先には、ここで小さな球根の花が宝石みたいにキラキラ咲くので、宝石の小道。

ロングボーダーは、気まぐれでいろいろな植物を植えている、まがりくねった細長い道です。白樺の小さな林もあります。小道を歩いていくと、小さなガゼボ（東屋）にたどり着きます。春になると、白樺の間からたくさんのスイセンやチューリップが顔を出します。

また、吹雪のトンネルと名づけた花のトンネルがあります。トンネルにはハニーサックルとナツユキカズラ、クレマチスなどのつる性植物が絡まって、緑のトンネルになっています。風が吹くと、花の香りとともに花吹雪が舞います。小さな池も作ったので、水音の聞こえる庭と名づけています。花がいっぱいのガーデンではなく、池を中心に、葉っぱを楽しめるような静かな庭です。

これらの庭を見守るように、背景には射的山があります。こんもりと古墳のような形の小さな山。野ネズミたちの憩いの場でもあり、上野ファームの歴史をずっと見守ってきた不思議な山です。この山も含めて上野ファームのガーデンなのです。フォーマルだったり、野原のようであったり、ダイナミックな母のようであったり……いろいろな表情を持っています。また植物たちは季節によって開花期があるので、季節によって庭の雰囲気が変わります。1週間見ないだけでも、庭は微妙に色を変えますし、その変化が見たいと毎週通われるお客さまもいます。

冬の晴れた日の、射的山の清澄な光景。上野ファームの1年が始まります

Marvelous Garden

上野ファームへようこそ

上野ファームの四季

まだ雪深い新年。ガーデンのオープンはまだ先ですが、ガーデナーの仕事はすでに始まっています。公開されていない時期を含めて、ガーデンの四季の移り変わりをご紹介します。

1月　さまざまなカタログとにらめっこして、今年作る苗の計画を立てたり、種を注文したり。苗の準備はすでに始まっています。去年庭で集めた種を殻から外し、2月の種まきの準備も始めます。

2月　ちょうど節分の頃、種まきをします。春から販売するための苗を作るために、手作りのベランダ温室で種を発芽させ、ある程度の大きさになるまで、慎重に水やりと温度の管理をします。ビニールハウスのビニールを張るのもこの時期。外は、まだまだ雪が腰まで積もっています。

3月　暖かい日も多くなり、2月にまいた苗を移植する作業が始まります。1本、1本を丁寧にポットに移し、立派な苗に育てていきます。

4月　すっかり雪も溶けて、芝も青々してきます。宝石の小道にある小さな球根たちが目を覚まします。クロッカスやミニアイリスが庭の隙間からポコポコ出てきます。

引き続き、鉢上げ作業も行いますが、庭の雪も溶け始めて、庭仕事もいよいよスタート。庭に出ると、植物の越冬状況など、まずは植物たちの健康診断をしてまわります。暖かくなると植物も一斉に育ってくるのですが、雑草も一緒に育ってしまうので、草抜き作業も一緒にスタート。雑草が種を落とすと厄介。春の雑草抜きは、とても大切な作業です。

ガーデン公開直後の５月はガーデナーにとっても新学期のような新鮮な気分

Marvelous Garden

上野ファームへようこそ

5月　北海道の桜がやっと咲き始める5月上旬、庭ではスイセンやチューリップ、ヒヤシンスなど球根類の花がにぎやかに咲き始めます。上野ファームも、全面オープンです。植物の勢いがますます強くなり、ガーデナーもテンテコマイ。雑草抜きも引き続き。植物の移植作業や苗の植え付けなども霜が降りなくなった頃を見計らって始めます。

6月　庭の植物たちは、ムクムクと葉を伸ばし始めます。木々や植物の新緑の緑が本当にきれいな季節です。6月中旬くらいに素敵に咲くのがオリエンタルポピー。日本ではオニゲシなどと呼ばれていますが、フワフワの花びらはなんとも繊細で、それでいて存在感があります。すぐに終わってしまうので見逃してほしくないですね。ジギタリスなども一番きれいなのがこの時期です。

7月　上野ファームの庭は百花繚乱。もっとも庭がにぎわう時期です。どの花もすべて見てほしいという気持ちですが、7月上旬にひときわ目立って美しいのはバラやデルフィニウム。色もさまざまあり、なんともあでやかです。

8月　8月になると、庭の花は7月よりも落ち着きますが、まだきれいです。盛夏の庭を彩るのはホリホック。空に伸びて、2m以上にもなるので、夏の青空に本当によく似合います。ピンクの花色がきれいなエキナセアもこの時期おすすめの花。丈夫で長持ちするので私も大好きです。

夏の庭の仕事は、まず、引き続き、雑草抜き。仕事の合間で気づいたらやっています。それから、苗の植え付けや新しいガーデンを作ったり、雨風で倒れそうな植物に添え木をしたり、終わって汚くなった花を刈り込んだり。庭を常にきれいに保つ仕事が続きます。やりすぎると疲れてしまうので、ほどよく手抜き（?:）して、植物たちと話し合い、その日の作業を決めます。終わった花から、種の採取もします。

マザーズガーデンのアーチも夏を迎えると緑がぐっと濃くなります

Marvelous Garden

上野ファームへようこそ

シャクヤク

モナルダ ディディマ

ルドベキア

バラ

in Bloom

７月から８月にかけてガーデンでは
色とりどりの花が競演します。
緑のアーチをくぐり抜けると
幻想的ともいえる花園に誘われます

9月　北海道は、すっかり秋の気配。庭の花もぐっと少なくなり、哀愁すら感じますが、それがまたいい雰囲気でもあります。この時期にひときわ強い香りを放って目立つ花はキミキフーガ。別名サラシナショウマとも呼ばれる猫のしっぽのような花。アスターたちもこの時期から咲き始めてセピア色になってきたガーデンで、ひときわ鮮やかに映えています。

上野ファームの庭の公開も、そろそろおしまい。あっという間にやってくる冬に向けて、後片づけの準備が始まります。終わった花はすべて刈り取り、平らなガーデンに戻し、隙間の雑草もきれいに抜きます。移植や来年に向けての植え付けもまだできるので、ちょっと時間の余裕ができるこの時期に、できることを進めます。どこまで作業ができるかによって、来年の庭の出来にも差が出るので、夏の作業の疲れもありますが、ここでもうひと頑張り、という時期です。

10月　空気がひと雨ごとに冷たくなってきます。バラの花を冬の寒さから守るために囲ったり、庭木を囲ったりして長い冬に備えます。冬の間は、ガーデン家具や植木鉢など周辺の備品もすべて雪の下になるので、しまえるものはどんどん納屋にしまいます。

11月、12月　11月にはついに初雪も降り始めて、そろそろ庭仕事も終わりに近づきます。やり残したことがないかチェックして、雪が積もって仕事ができなくなる12月まで、庭の後片づけやハウス周辺の苗の整理整頓などを最後まで行います。この時期の作業は、手足もあっという間にかじかんでしまうので、本当につらいですね。

雪がどっさり降って、庭が雪で見えなくなると庭仕事、強制終了。長くて寒い冬が到来するのですが、これで庭仕事をしなくてもいいなあと開放感がある瞬間です。

Coming Winter

旭川は１年の半分が冬といってもいいところです。
10月になると空気が冷たくなってきて
緑だった葉が赤や黄色に色づき始め、
色調がしだいにシックになっていきます。
雪が降り始め、地面を覆うようになると庭仕事は終わり。
センチメンタルになるというより、なんだかほっとします。
雪景色の上野ファームは、色調もモノトーンになり、
眠るように翌年のエネルギーを蓄えます

上野さんの
ガーデンノートから

01

gardening note →

上野ファームの花選び
～ワードローブ感覚で選んだ８つの花

デルフィニウム　Delphinium

きれいな花色でインパクト大。さわやかなトーンでまとめられる、扱いやすく、存在感がある植物です。ファッションでいえば、柄スカートのようなインパクトアイテム。庭がぐんと華やかになります。開花期は６月下旬～７月下旬

カンパニュラ　Campanula

ベル状の花の形がかわいらしいカンパニュラ。たとえ一輪でも、ゆらゆらと可憐に揺れる姿は、アクセサリーのように庭のアクセントになります。小物感覚で、気軽に使える植物です。開花期は６月下旬～７月下旬（旭川市の上野ファームの場合）

ゲラニウム　Geranium

品種も豊富で、草丈や色、開花期などいろいろ選べます。こんもりとうまく茂るので、きれいに見えます。植物の中でも、ゲラニウムはよく合わせるインナーのような存在。色を足すのに役立ちます。開花期は６月上旬～９月

ネペータ（キャットミント）　Nepeta

ラヴェンダーのように、ふんわりした花。ほかの花となじみやすいので、隙間に植えるのに重宝。ファッションなら、普段使いのデニムのような存在。自分なりの、デニム的な植物を見つけてください。開花期は６月中旬～７月中旬

私は、女性誌のファッション・ページでよくある「1週間着回しワードローブ」のように、ファッション感覚で花を選んでいるところがあります。たとえば、ファッションでは、定番とインパクトアイテムを組み合わせるのがおしゃれに見えるコツですが、庭も同じだと思います。上下ともインパクトアイテムにしてしまうと失敗するのも同じです。

定番となるアイテムに季節ごとにマフラーやバッグなど小物を加えるように、ベースになる植物は通年使い、季節で花を変えていきます。

また、価格が安くて、いっぱい植えたらかわいいだろうなと思う植物を定番アイテムとして、庭のベースにします。そして、高くても華やかな花は、インパクトアイテムとして加えます。カットソーやセーターなどベースとなるアイテムがユニクロでも、バッグや靴にブランドものを取り入れると締まるのと似ています。高い花を揃えすぎて後で補充できないのもつらいものです。庭に欠かさない定番は、ホームセンターのガーデンコーナーでよく見かける植物、近所の庭で見る育てやすいものにしておくといいですよ。

ジギタリス　Digitalis

淡いピンクや白のジギタリスは、庭にないとなんだか寂しい気がします。咲いた時の華やかさはほかにはないもの。存在感のあるツインニットのように、庭を品よく仕上げてくれるはずです。開花期は6月中旬〜7月上旬

バーバスカム　Verbascum

とんがった花穂が上までぐんぐん伸びていく、生命力があるところが好き。花自体は小さく、控えめですが、まとめて植えてボリュームを出したり、花色によって落ち着いた雰囲気にも。定番のブラウスみたいです。開花期は7月上旬〜8月上旬

ラムズイヤー（スタキス）　Stachys

名前のとおり、モコモコした手触りの葉を持ちます。シルバーがかった葉色が庭のトーンを柔らかくする優れもの。ビビッドな色の服に重ねて楽しむ、薄い色のカーディガンのような存在です。開花期は6月中旬〜7月上旬

エキナセア　Echinacea

ハーブティーとしても有名。ピンクや白、黄色などの花色があり、花がきれいに保てます。開花期が長く、丈夫なので、庭にあると助かります。コーディネートを引き締めるジャケットのような花です。開花期は7月下旬〜8月下旬

イベントも開催します

上野ファームでは年に一度は、大きなイベントを行います。中でも人気のガーデンコンサートは２００４年から始めました。１００人を超えるブラスバンドが大迫力の演奏をしてくださったことも。花と音楽の競演は本当に感動的です。かしこまったコンサート会場でなく野外の芝生の上で、おじいちゃんも、おばあちゃんも、小さな子供を連れた家族も、のんびりと自由な感覚で音楽を楽しんでいただけたら最高です。イベントでは地元のクリエーターたちが出店してくれたり、パン屋さんが来てくれたり。大げさなことはできないけれど、地元のよさをほんわかと伝えられるようなイベントを心がけています。毎年この日は、たくさんの人が来て、大にぎわいです。

小さなイベントもあります。過去には友人の結婚式やフラダンスサークルの発表会のお手伝いをさせていただいたことも。庭が、ただ花を見るためだけの場所ではなく、さまざまな人が花の下に集い、楽しむ場所になるといいなあと思っています。今年は、以前からやってみたかったガーデンでの「野点」を計画中。ガーデンと茶道のコラボレーション。ガーデンとアフタヌーンティー。こんな組み合わせはよく耳にしますが、それならガーデンとお茶の組み合わせもきっと素敵だと思うのです。

Festivities

花と音楽の競演は本当に感動的。
これからもガーデンの楽しみを広げる
いろんな方向に、チャレンジを
重ねていこうと思います

イベントの目玉はガーデンコンサート。大型ブラスバンドとの競演は天気にも恵まれ爽やかな催しに

Marvelous Garden

上野ファームへようこそ

ナヤカフェのこと

上野ファームには大きな古い納屋を改装したカフェがあります。名前は「ナヤカフェ」。

この納屋も、昔は、籾殻を乾燥するための大きな機械が中に入っていて、お米の貯蔵場所でもありました。上野ファームの農業の歴史がたくさん詰まった思い出の場所です。

カフェは、築50年以上は経つ建物の梁を生かしながら、全面改装。古さと新しさが共存する不思議な空間に仕上がったと思います。ただコーヒーを飲んで、お茶をして……という場所ではなく、情報の発信基地にしたいですね。このナヤカフェは、冬の間も営業しています。おいしい地元の農産物を使ったカフェメニューの提案、農産物の販売のほか、ギャラリーで作家さんの個展を開いたり、小さなコンサートなどのイベントもできたらいいなあと思っています。夢は膨らむ一方ですが、まだまだ始めたばかりで、カフェ経験がない私たちにとっては本当に手探りの毎日です。

カフェは12時から18時まで。メニューは、スープセットやスイーツなど、スタッフみんなで試行錯誤中。旭川近郊には上野ファームのお米も含めて、おいしい農産物がたくさんあるので、少しでもそれを取り入れたいと、何度も試作を重ねています。メニューの内容は、季節によって変えていく予定です。

Café

古い納屋を改装しただけあって、
木の落ち着いた内装が好評です。
雪が降る頃になってもお茶を飲みに
みえるお客さまがたくさん

カフェのメニューはスタッフみんなで考えます。
スープセット（右上）やスイーツが好評ですが
地元旭川の農産物を使って、おいしくて
ヘルシーなものを提案していこうと
これからも改良、充実をめざしていきます

雑貨のこと、苗のこと

雑貨を見るとワクワクする人って多いのでは？　私もその一人。ガーデナーではありますが、時にはバイヤーにも変身。自分で買いつけた雑貨は、「ナヤカフェ」の店内や夏の間だけオープンする、牛舎を改装した小さなお店で売っています。

私の気まぐれなセレクトではありますが、自分の欲しいものだけではありません。コンセプトは、自分にプレゼントしたくなるもの。花が好きな方も多いので、花柄モチーフの生活雑貨やガーデナーの仕事が楽しくなるようなガーデングッズが揃います。道具類は、プロ使用のものから、持っているだけでちょっと庭仕事が楽しくなるものまでいろいろです。ガーデニングから家事まで幅広く使えるカフェエプロンも人気がありますね。また強い日差しの中で仕事するガーデナーたちから、高い支持を得ているのがツバ広の帽子たち。いろいろな形があるんですよ。

また後で詳しくお話ししますが、上野ファームのお店の原点は苗。庭を訪れるガーデナーたちの「欲しい！」というリクエストから苗を販売するようになりました。ガーデンの営業期間中は、３００品種を超える植物が並びます。苗は、数量限定のものが多いので売り切れたらそれでおしまいですが、初心者の方でもできるだけ買いやすく、わかりやすいように品種ごとに説明や写真などのポップをつけています。

Goods

花柄の生活雑貨やガーデングッズ以外にも
ツバ広の帽子などが人気商品。
この写真は英国NUTSCENE社の
ナチュラルな色合いが美しい麻ひも

海外製のテラコッタはお買い得価格。
ただし数年に一度の入荷なので、人気のものは
早めにお求めください（地方発送はしていません）。
ガーデニングのアイテムも充実。
やはりガーデナーはおしゃれでなくては。
夏の週末には地元のもぎたて野菜のマルシェもあります

Marvelous Garden
上野ファームへようこそ

ガーデンの住人は花だけでなく動物たちもいい味を出しています

ミラーボーダーのはずれにある小屋もシックなグリーン

Tour of the Garden

上野ファームの中には視覚に変化を与える
いろいろなポイントがあります。それを
眺めるのもガーデンの楽しみ方

map.1
上野ファーム

■アクセス

- 中央高速道　旭川北ICで降りてから約20分
- 旭山動物園より車で約10分
- 旭川空港から車で約40分
- JR宗谷線永山駅からタクシーで約５分
- JR石北線桜岡駅より徒歩で約15分

市街地からは距離がありますが、周囲の空気や自然も味わってください

上野ファームへのアクセス

■冬季営業について

2008年10月より上野ファームに新しいカフェ、NAYA caféがオープンしました。庭の見学や苗などの販売は９月末で終了しますが、カフェのみ年間通して営業しております。

■営業期間

ガーデンの見学時間：10：00～17：00（４月末～９月末まで）
NAYA café（ナヤカフェ）営業時間：10：00～17：00（４月末～９月末）
11：00～17：00（10月～４月末）

- 定休日：毎週月曜日
- 住所：北海道旭川市永山町16丁目186番
- 電話番号：0166-47-8741　ファックス：0166-47-8731
- ホームページ：http://www.uenofarm.net/
- Eメール：info@uenofarm.net

■ガーデンの入園について

ガーデン入園料　大人400円（小学生以下は無料です。中学生から大人料金となります）
ガーデンパスポート600円（四季折々に変わるガーデンに一年中通して何度でも入場できるお得な年間パスポートです）

■お願い

バスなどでご来場の団体での見学は、あらかじめご予約をお願いいたします。事前にご連絡のない場合は、見学をお断りすることもございますのでご了承ください。またペットとご一緒のガーデン入園はお断りさせていただきます。

上野さんの
ガーデンノートから

02

gardening note →

洋書で美しい庭のイメージトレーニング

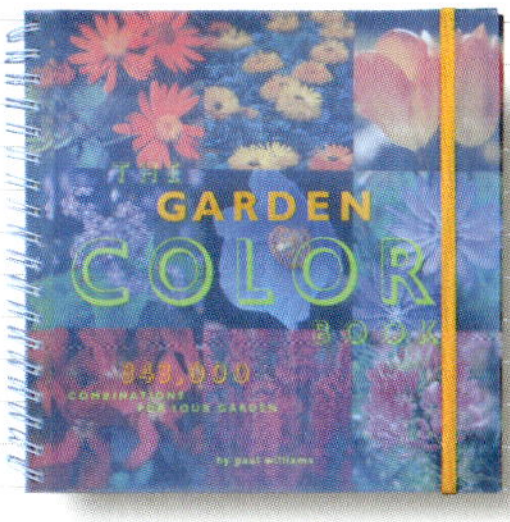

THE GARDEN COLOR BOOK

花の色が系統別に分かれて整理されていて、一緒に咲いた時のイメージが想像しやすい。また、自分の想像を確認するためにも使います。Chronicle books ／約4000円

dream gardens

印象的な100の庭を集めた写真集。中には石だけで構成された独特のものもあります。庭作りのアイデアに詰まったら参考になるはずです。
MERRELL 約4000円

GARDENS

東洋的な庭からトロピカルなガーデンまで、個性的で魅力的な庭の作り方がわかる写真集。花の組み合わせや、アーチなどの効果的な使い方も。Harry m.abrams,inc 7400円

美しいガーデンデザインを発想するには、いいなと思う庭を自分の引き出しに貯めるのが大事だと思います。ひと口に庭と言っても、イングリッシュガーデン、ナチュラルガーデンや和の庭などさまざま。いろいろな庭の写真を見て、自分が好きな庭を心にストックしておくことが一番です。家具を買う時、インテリアの雑誌やスタイルブックを見て、イメージを作ってからお店に行かないと混乱しますよね。苗を買う時も、頭の中に何もない状態で園芸屋さんに行ってもパニックに。そのためにも、私は、いつも海外できれいなガーデンの洋書をまとめ買い。好きな本を見ると、ふつふつとやる気が湧いてくるし、予算から入らずにイメージを固められます。花の色合わせを洋書から学ぶことが多いです。

洋書を眺める時には全体のバランスに注目を。流行アイテムだけのインテリアやファッションがどこかちぐはぐなように、庭も好きな花や物を詰め込んだだけではダメ。狭い面積にベンチもパーゴラもアーチもでは、庭としては成立しません。アーチの奥に椅子を置くと、どの角度からでも決まるとか、1本おもな筋を通すとまとまります。レンガの道やトレリスも、緑の中にうもれているくらいがいい感じに見えるもの。そういうバランスを洋書は教えてくれます。

洋書店またはAmazonなどで購入可能。

02

片道5kmの妄想力

Ueno Farm Imaginary Garden

「射的山」で遊び、毎日片道5㎞の道のりを歩いて通った小学校時代。
札幌で過ごした学生時代、アパレルの仕事。庭を始める前の思い出ですが、
今思えば、ガーデナーになるための下地を作っていたような時代でした。

旭川の農家で育ちました

我が家は、1906年に旭川に入植した代々続く農家です。私で5代目、屯田兵と同じくらい古い家です。小さい頃は専業農家だったので、お米も作るし、酪農もする。町の子と農家の子、半々の小学校でも、私は、一番遠い家の子だったから、クラスのみんなが遠足がてら、牛を見学に来たくらい。両親は農業で忙しいので、じいちゃん、ばあちゃんに育てられたようなものです。でも、この辺の農家の子は、みんなそうだったから、特に寂しくはありませんでした。雨や雪が降ると親が迎えにくるんですが、来られない時は、友だちのお父さんが車で出てきて、農家の子たちをみんな拾って帰る。そうやって、地域に育てられました。

小学校には、3つ下の妹と二人、片道5kmの道のりを歩いて通っていました。その間、野原がトイレ代わり。ばあちゃんには、「紙がなかったら、フキの葉っぱで拭きなさい」なんて言われていました。近所に同い年くらいの遊べる子がいないので、妹と二人、自然が友だちでした。

我が家の敷地に、「射的山」と言われる小高い丘があります。北海道の開拓に入った屯田兵の射的の的に使われていたところ。もともと、働き者のひいじいちゃんが、「平らな土地と山つきの土地、どちらをとるか」と聞かれて、耕作には向いていないのに、なぜか「山は使える」と山をとったといういわくつき。縄文晩期の矢じりやアイヌの土器などが出る、探検にぴったりの場所でした。妹と私には、この射的山が格好の遊び場。川遊びに木登り。今の親なら「行くな」というような場所で遊んでいました。崖を走って降りたり、ハンモックを木に吊るして本を読んだり……トム・ソーヤーみたいに腕白な女の子だったのです。

毎日、庭仕事にお店にと、駆けずりまわっても疲れ知らずの私を育ててくれたのは、あの学校の行き帰りの道だった気がします。隣町のほうが近いのに、学区の関係上、小中とも旭川の市街まで片道5㎞の道のりを通いました。冬の間、雪が深くなると、親が車で送り迎えをするし、途中で自転車通学に切り替わったけれど、5㎞は長い。体力はもちろん、あれこれやりたいことをイメージする「妄想力」も身につきました。2時間、3時間かけて寄り道することもしょっちゅう。石が好きだったので、砂利道で、きれいな石を拾って帰り、部屋に石の山ができたことも。今で言うパワーストーンみたいなものかな、子供なりに石や自然の力を感じていたと思います。子供って、何もなければないで、自然の中から遊びを探し出す。今では、旭川のこの辺りでも、物騒だからと親たちは迎えに行きますが、自然から離れてしまうようで、少し残念な気もします。

今でも、ペンキ塗りも大工仕事も、何でも自分でしてしまいますが、当時から、物を作るのは好きでした。それも、周りにあるありあわせで作るのが得意。小学校の時、登れそうな木に板を渡して、ロープを張ってツリーハウスを作ったこともありました。川では〝追い込み漁〟が大好きでした。妹が上流から石を投げて、フナとかドジョウとかが上がった瞬間に、私がピチピチとはねる魚をつかまえる。それが快感でした。自分では最高の遊びだと思っているから、町から友だちがやってきても、そういう遊びを得意になって教え

Childhood

上野ファームがある旭川は美しい自然と開拓精神の調和した土地

ていたものです。「動物もいっぱいいるし、上野んち来たら別世界だ」と町の子たちは思っていたみたい。今でも、「砂由紀んちで、魚初めてとったの忘れないよー」「上野んちで本物のトマトを食べて、初めて好きになった」とか言われます。

北海道の家は、本州のように塀が高くないし、私には、地域全部が自分の庭、テリトリーみたいなイメージがありました。自分のうち、友だちのうちという感覚もなかったのです。旭川市や上川郡の一帯を、アイヌの人々は、カムイミンタラ、神々の遊ぶ庭と呼ぶのですが、平らな土地をぐるりと山が囲む場所はなかなかありません。旭岳の上から眺めると、本当に神さまの箱庭のようですし、私は、カムイミンタラにいだかれて育ったようなものだと思います。庭を作り始める時は、カムイミンタラという言葉は知らなかったけれど、後から、「カムイミンタラで生まれ育った私が庭を作るのは必然だったのかもしれない」と考えて、ちょっとうれしくなりました。

「虫が苦手なんですけど、庭仕事をしても大丈夫ですか」「花の名前知らないんですけど、大丈夫ですか」などとお客さまによく聞かれますが、難しく考えないほうがいいのになあと思います。「植えりゃあいいんですよ」と答えることにしています。というのも、庭をやっているというと、子供の頃から、植物に特別、興味があったように思われがちなのですが、私の場合、そうではないんです。初夏に木イチゴの木がしなり始めたら、ここの木はおいしい、あっちはどうだと、道端の木イチゴを食べ比べる。「アカツメクサはミツが出るから、チューチュー吸うとおいしいよ」とおばあちゃんに教えてもらったら、それもすぐ吸ってみる。汚いとか考える前に、誰かに食べられるって聞いたら、試してみる。それくらい植物は当たり前のもので、「自然」と「人工物」を分けて考えるようなところもありませんでした。花や緑が本当に身近にあったから、大人になって庭を始めた時も、抵抗なくすんなり受け入れられたという感じなのです。土いじりの過程で手が汚れるのがイヤだという感覚もまったくないですね。虫もいて当たり前。虫がダメだったら、この土地で生きてはいけませんから。

また、私は、クリスマスイヴ生まれ。普通なら根雪になる時期なのに、その年は雪が少なくて、イヴ近くになって粉雪が舞ったので、砂由紀と名づけたそうです。そんなわけで、上野家ではクリスマスと私の誕生日がいっぺんに来るので、イヴはいつも一大イベント。家族揃ってにぎやかに楽しんだものです。今でも、家族が集まった様子が脳裏に焼きついているくらい。

夏はせわしなく働いている両親も、冬は少し時間ができて遊んでくれる。お父さんはよそに働きに行く農家も多いけれど、お母さんは暇になります。外には出られなくても、親がいて遊んでくれるから、子供にとっての冬は、けっこう楽しいんですよ。夏にはトム・ソーヤーのような私と妹も、冬は女の子らしく家で楽しむ。そんな風に自然とシフトしていました。絵を描いたり、人形の服を作ってもらったり、冬が長い北欧の暮らしに似ているかもしれません。旭川が家具の街で、もの作りが盛んなのは、木材資源が豊富だったからだけではなく、長い冬にも理由があると思います。

かと言って、家の中に閉じこもっているだけではありません。学校のグラウンドは夜のうちに親たちが水を撒いておき、スケートリンクに変えていましたし、裏山では歩くスキーをしたものです。スケートを履いたまま、家まで帰ったこともありますよ。旭川では腰くらいまで雪があるのが当たり前だし、スケート靴のほうが断然速いのです。寒いのがイヤという感覚もなくて、いつも強烈な自然を感じていたいところがありました。学校も夜の間に冷えてしまうので、マイナス20度になったら、授業の開始が1時間遅れになります。「今日は何度かなあ」といつも空気の感じを気にしていたし、自然には逆らえないというか、子供ながらに正面から季節を受け止める感覚が育っていきました。

長い冬が終わって春になると、地温が上がって、少しずつ雪溶けが始まります。水蒸気がのぼって春の匂いがします。テンションが一気に上がる、1年で一番うれしい時期かもしれません。この土地に住んでいると、匂いには敏感になりますね。稲刈りの時は、周りも田んぼだから、青くさい匂いがするし、秋には籾殻をいぶる匂いが空気中に充満して、秋だなあと感じさせます。冬も、雪が降る前に、なんとも言えないツーンとした匂いがします。アスファルトが臭くなるような感じです。東京にも仕事で時々行きますが、匂いのないところ、空のないところには、私はきっと住めないなあと思います。

ロストジェネレーション!

道立高校を卒業すると、推薦で入れる札幌の女子大に、1期生として入りました。もともと短大だったのが4年制の女子大に切り替わったところで、「新しい大学、それも国際文化学部っておもしろそう!」と決めてしまいました。旭川を開拓した先祖の血か、誰もやっていないことに惹かれる「開拓精神」があるのかもしれません。高校時代は、進学するつもりで受験勉強はしていましたが、将来のことは考えていませんでした。「まずは大学に入ろう」というだけ。絵を描くのが大好きで、中学は美術部だったし、旭川には東海大学芸術工学部もあったので、「美術系もいいかな」と頭をよぎりましたが、美術で就職したり、食べていくというイメージが持てなかったんです。典型的なバブル時代ののんびりした高校生ですよね。ベストセラーになった村上龍さんの『十三歳のハローワーク』を読んだりすると、今の小学生のほうがよほど考えていると感心しきりです。

北海道が大好きだったので、東京に出るとかはあんまり考えませんでした。周囲も出るとしたら、札幌という子が多かった。農業の大変さを知っているから、農業を継ぐとかも考えていないし、旭川の実家の土地で何かをやろうとかもまだありません。18歳の私には札幌に出るだけで、十分、冒険でした。

1974年生まれの私たちの世代って、女子大生ブームの時は女子高生だし、女子大生になったら女子高生ブームがやってくるという具合。大学を出る時にはバブルが崩壊しているし、就職は超氷河期。トレンディドラマ世代からも、ルーズソックス世代からも外れている。いわゆるロストジェネレーションです。「ルーズソックス、はいてみたかったなあ」と後から思ったくらい。いつも何かのブームを横目で見ている感じで、大学生の時も、世界は格段に広がったけれど、相変わらずのんびりしていましたね。

『non・no』に登場！

札幌での初めての一人暮らしでハマッたのが、インテリアと雑誌への投稿。大学3、4年の頃かな、『non・no』と『オレンジページインテリア』『私の部屋づくり』などの雑誌に取材を受けました。自分で部屋の写真を撮り、投稿すると、わざわざ東京から編集者が取材に来てくれる。雑誌が送られてくると、「全国誌の誌面に載ったんだあ」とうれしくて。こんな狭い部屋でも、世界が広がるんだなあと。自分が頑張って創作したことに世の中が反応してくれる、初めての成功体験。庭を作ると、みんなが喜んでくれる、人の輪が広がって、また違う世界につながるというれしさは『non・no』に出た時と一緒かもしれません。

大学の友だちは、いわゆる赤文字系の女子大生雑誌を読んでいましたが、私は、『non・no』が好きで、自分で買うのは『non・no』が多かったですね。モデルのはなちゃんがよく登場していた頃で、はなちゃんと同じ雑誌に載るというのはスゴイことでした。

札幌時代の2つの部屋には、どちらも当時の『non・no』の編集者、Yさんが来てくれました。札幌の街の暮らしをどこか窮屈に感じていたんでしょうね。青い模造紙に雲を描いて、空に見立てて壁中に張りめぐらしたり、テレビにカラフルなモザイクタイルを貼ったり。今考えると、若い時だからできる大胆なインテリアです。賃貸なので、壁に色を塗れないのが残念でしたが、当時からたくさん色を使うのが好きで、絵を描くように部屋を作っていました。インテリアも、ガーデニングも、私にとっては同じ。キャンバスに絵を描く感覚なんです。

ナチュラルテイストも流行り出していましたが、手作り感覚のある部屋が当時は、人気だったんですね。既製品だけではなく、オリジナリティがないとダメなんだあとか、誌面を穴があくほど見つめては分析して、得意の妄想を黙々とくり広げていました。時間があると、ホームセンターや大きな画材店などに出かけて、これとこれで、こんなのが作れるなあとか考えるのが好きでした。私は今でもそうなんですが、誰に相談するでもなく、自分で作り出すことが大事だなあと思います。あるものだけを並べてもダメなんだな、なりたい自分になるには人マネだけではダメなんだな、というのもこの頃、学んだこと。オリジナリティがあれば、世の中の人も注目してくれる、人を呼べる……上野ファームでの庭作りにも通じる点です。

Curiosity

すべての活動の源泉は新しいものに興味を示す好奇心とオリジナリティへの憧れ

気分はHIROMIX!?

当時、インテリアとともにハマッていたのが写真です。始まりは、じいちゃんが持っていた一眼レフ。難しいカメラだけど、撮り出すとおもしろいなあと、もう一人、写真好きな友だちとよく撮り合いっこしていました。

HIROMIXやガールズフォトが流行り出す前でしたが、ああいうちょっとメルヘンチックな、それでいて少しエロチックなものを撮っていました。撮影の時は、普段なられない自分にもなれるし、自分の世界を切りとれる。ゴスロリまではいかないけど、ガーリーな格好をしたり、ロングヘアのウィッグをつけたり、楽しく遊んでいました。友だちをかわいく撮るのにもハマッて。みんな意外と変身願望があるんだなあというのも発見でしたね。

写真の技術は、今でも花や庭の写真を撮る時に、なんだかんだと役立っています。部屋を広角で広く見せるのにも凝りましたね。雑誌を読み込んで、こういう風に撮ったら、編集の人も見てくれるに違いないと狙って、それらしく撮るんです。キャプションもレイアウトも自分で工夫して、「ここがポイント」なんて書き込んで。自分や部屋を客観的に見てプロデュースする癖が写真を通じて育ったというか、視点が編集者的に育ったのかもしれません。

雑貨の仕事がしたい!

「絵が大好き、インテリアが大好き」だから、就職に関しても、インテリアや雑貨の業界に行きたいなあとぼんやりと思っていました。「好きを仕事に」なんてフレーズが雑誌の表紙に躍る時代だったので、それにも影響されていたんでしょうね。カフェ文化の走りの頃でもあるし、「雑貨アーティストになりたい！」なんて思って。とりあえず、生活分野の会社の記事をスクラップしたりしていました。でも、大学3年生の時点でバブルがはじけきって、おまけにＩ期生。先輩による実績がないので、企業も大学も手探り状態。ＯＧ訪問もできないから、就職戦線を自分で開拓しなければいけませんでした。大学も住居学科を選ぶとか、専門学校でバンタンとかに行けばよかったんだなあ。大学も、夢があって選ぶものなんだなあと思いましたが、時すでに遅く……国際文化学部も雑学を学べておもしろかったのですが。

就職活動では、住宅メーカー、家具屋さん、カトラリーやテーブルウエアの会社、東急ハンズにサンリオ。片っぱしから受けたけれど、総合職扱いの4年制女子より短大卒が重宝がられた時代です。ぜんぶ落ちて、最後に頭を切り替えて面接を受けたのがアパレル会社でした。「とにかく就職しなきゃ」という勢いだけでしたが、うちの母もデパートガールだったし、服も嫌いじゃなかったから、向いていたようです。よく行く雑貨屋さんがそこの会社の系列だったので、その雑貨屋さんに配属してもらおうと、面接では、「この店が好き」という思いをこんこんと語り、その甲斐あって運よくそこに配属になりました。

そのお店は、服とアクセサリー、帽子などを扱っていました。店長が何でも挑戦させてくれる人で、お店の袋のデザインやディスプレイをまかせてもらうことも。新人のうちは、自由にさせてもらいつつ、店作りに参加している実感もあり、本当にやり甲斐がありましたね。クリエイターに憧れつつも、現実的な壁の前に諦めたという、それまでの経緯があるので、そのモヤモヤを就職してから爆発させました。

4大卒で入り、年齢が上のほうだったので昇進も早く、25歳で店長を経験しました。でも、店長になると重圧が違います。リアルな数字を求められるし、今まで同じ立場で仕事をしていた同僚を管理しなければいけない。自由なことはできないし、戸惑いがありました。先も見えてきます。店長同士の集まりに出かけると、一人一人のレベルも高いし、自分にも他人にも厳しい人たちが多い。こんな風に突き詰めて、自分を苛めながら仕事をするのも違うなあ、性に合わないなあとストレスに感じるようになりました。「もう１回、やりたいことを考え直してみよう」と思ったのがこの頃です。

要は、自分の替えはいくらでもいるし、組織向きではないと早い段階で気づいたんですね。それも若いうちから仕事をまかせてもらったからで、本当に勉強になったし、会社や先輩には感謝しているけれど、自分が最終的に行きたい道はここにはない。そう思ったら、辞める決心は難しくありませんでした。

緑が恋しくなった

札幌に行く前は当たり前だった緑。緑から離れてみて、自分のベースを作ってくれたのはあの田舎だな、とすごく感じました。旭川に戻りたいという気分は、札幌時代、ずっと持っていました。

でも、農業の大変さは、両親を見て知っていたので、農家を継ぐ勇気はありませんでした。ただ、せっかく土地や山がある上野家です。実家の敷地を使って何か新しいことをやれないかなとは、いつの頃からか漠然と思っていたのです。１００年近く続いた農家が自分の代で途切れてしまうのももったいない、先祖が開拓して、じいちゃん、ばあちゃんが大切にしていた土地を守っていきたいという想いもありました。

ずっと2.0だった視力も、札幌にいる間にどんどん悪くなってきたんですよ。緑を見なくなったからだなあ、ずっと近いものばかり見ているからだと悲しくなって。アパレルの仕事に見切りをつけるのと並行して、「緑が恋しい、旭川に帰りたい」という想いは、どんどん強くなっていきました。

よし、イギリスでガーデニングだ！

会社を辞めようと思ったのが99年の夏。ちょうどその頃、地下鉄の中吊り広告で、インターンシップの募集を見つけていいなと思いました。研修を受けながら、語学と特殊なスキルを磨くのがいいなと思いました。持ち前の開拓精神で、新しい環境には抵抗がありませんでした。募集例にあった「イギリスでガーデニング」という言葉にピンときました。「おもしろそう」というのもあったし、「ガーデニングはうちの母親もハマっているから、説得しやすいよなあ」という魂胆も。国際文化学部に入ったくらいだから、海外への興味はいつもあって、いつか留学してみたいと思っていましたが、ビジネスにも使えない英語を中途半端に習ってくるより、実践的なスキルのほうがいい。何年も行くような資金もないし、半年ちょっとのインターンシップはちょうどよかったんです。

イギリス留学は、無理して人生の方向を変えるというのでもないし、リセットするつもりもなかった。その時、その時で楽しく仕事をしてきたし、アパレルの会社も、今でもいい職場だったなあと思っていますから。１回就職しないとわからないことって、たくさんあるし、怖い上司の一言も、今となっては自分の一部になっているから、あの時代にまったく後悔はありません。辞めること、イギリスに行くことは、ただ自然の流れだったんです。

決心してすぐにインターンシップの説明会に行きました。最初は、どういう団体かもよくわからなかったのですが、まず団体に紹介料を払う。そして、ホストファミリーに家賃を払いながら、研修生として無償で働き、スキルを教えてもらうというシステム。ともかくイギリスに行ってみようと決めた時、ガーデニングのことなんて何もわからないのに、人生が開ける予感がありました。心の底からワクワクしていたんです。

03

イギリスでガーデニング修業

Ueno Farm・English Garden

イギリスと庭。２つのキーワードが結びつき、ガーデニングのインターンシップへ。
短い期間でしたが、ともかく何でも吸収して帰ろうと
貪欲に過ごしたイギリス生活について、印象的だったことをお話ししてみます。

上野ファームに「黒船」来襲

自分の生まれた土地が大好き。農家をやるまで、どっぷり浸れなくても、環境を生かせる仕事をしたい、そんな気持ちが根底にあったこと。母も農家の庭先でガーデニングをしていたこと。父が農村の景観計画に関心を持っていたこと。さまざまなキーワードが「農場ガーデン」でつながる。人を呼びにくい田舎という条件も、庭をやるならプラス要素になる。そう踏んでの渡英でした。

ちょうど実家の向かいの土地が新しく手に入り、盛り土をしたり、クローバーを植えて土壌改良をしたりと、どういう風にも使えるように準備していたところでした。「砂由紀がイギリスに行くなら、そこを庭にするか」と両親も乗り気に。もともと私たちは開拓農家ですから、新しもの好きのフロンティア精神があるのでしょう。失敗を怖れるより、オリジナルなものを作ろうという風土がある。そうでないと田舎には人が来ないというのも、みんな経験で知っているのだと思います。夢を育てるのに適した文化なんでしょうね。

直感的に生きているから上手く言えないのですが、頭の中で回路がパッとつながる時があります。点と点だったものに新しく庭という要素が入って、「こうもできる」「ああもできる」と計算式が始まったんです。もちろん無謀なことをする気はないので、ある程度、やりたいことに確信を持てたら、行動に切り替わるという感じです。

当時は、雑誌『BISES』が登場し、ガーデニングという言葉が流行語にもなって数年経ったくらい。母は、見よう見まねで、目の保養にと庭を作り始めていましたが、北海道全体では、花で絵を描いたり、原色の花壇でパッチワーク風にしたりというレベル。花壇はそういうものだと思っていたし、それでは作られすぎていておもしろくなかった。イングリッシュ・ガーデンという要素は、上野ファームにとって「黒船」来襲みたいなもの。新しい発想が入ることで、家族みんながひとつの目標に向かって一丸となれたんです。

もともと海外が大好きだったのも、イギリス行きにためらいがなかった理由のひとつだと思います。初めて外国人と話したのは、小学校3年の時。我が家でホストファミリーを引き受けたので、旭川の姉妹都市、アメリカ・イリノイ州のブルーミントンから、アメリカ人の老夫婦がやってきたのです。小学校6年の時には、2週間ほどグアム、サイパンの洋上セミナーに参加。現地の人と交流。中学の時には、前出のブルーミントンとの交換留学のシステムを使い、10日間のホームステイを経験しました。国際的に人とつながることに魅力を感じていたので、大学の国際文化学部という選択も、自分にとっては自然だったのです。

英語がめちゃめちゃできたわけではないけれど、小さい頃から話したいという気持ちはすごくあったし、就職してからも忙しい中で英会話は習っていました。行き詰まりを感じた時に、やりたかったことだけはやっちゃおう。とにかく海外に出ようと気持ちはとても前向きでした。

England

イングリッシュ・ガーデンは自然とのつきあい方であり、文化。それを教えられました

ブラムディーン・ハウス

インターンシップの団体から紹介されたのは、その前も日本人が滞在したことのあるお屋敷でした。立地は、ロンドンの前に首都だった、ウィンチェスターからバスで30分ほど、人口約800人の小さな村です。そのお屋敷には村の名前がついていて、ブラムディーン・ハウスと言いました。マナーハウスまではいかないけれど、普通の家ではありません。私から見ると、ほとんどお城。お手伝いさんもいるし、ファンタジーの世界のように感じられました。

ホストファミリーは、上流階級出身の初老のご夫婦。ご主人はリタイアしていたけれど、大きな保険会社の顧問をされていて、しょっちゅうロンドンに滞在していました。奥さまは英国園芸協会の役員で、品評会のジャッジをするほどの園芸愛好家でした。

名高い園芸愛好家でもあるホストファミリーの奥さまと、犬のグローラと一緒に（写真上）
古都ウインチェスターは規模は小さいけれど、さすがに歴史と伝統を感じさせる町（写真下）

2エーカーの広いお庭は、プライベートガーデンで、月に一度の一般公開日以外、外部の人は入れない仕組み。フロントガーデン、ミラーボーダー、果樹園、キッチンガーデンで構成されています。ガーデナーは二人いて、一人は敷地内のコテージに住んで、もう一人は通いでした。

前の年にブラムディーン・ハウスにいた女の子がまだイギリスにいたので、事前に情報交換してから現地入り。イギリスの春は遅いもの。到着した時は4月だったので、お庭にはまだスイセンしか咲いていなくて、この何もないように見える土地で、「何が起こるんだろう、何が勉強できるんだろう」と期待と不安が入り混じった気持ち。ドキドキと高揚感の両方が胸に迫ってきました。

私の部屋は、4階の屋根裏。こうして、ブラムディーン・ハウスでの新生活は始まりました。

ブラムディーン・ハウスのミラーボーダー。言葉で覚えるより極上の例を目で見たのが幸せでした

花の名前を覚えよう！

初めの一か月くらいは、英語もあまり通じませんでした。緊張もしていたので、聞きとるのはなんとかなっても、イディオムとか変えられるとまったくわからない。黙々と草取りをして、種をまいて、苗を作って。雑務的なことにひたすら取り組みました。

花の正式名はラテン語です。ともかく花の名前だけは覚えようと、分厚い辞典を買い、花と照らし合わせたり、ガーデナーに聞いたりしながら、細かい品種の名前も覚えていきました。仕事は5時きっかりに終わり、後は自由にしてよかったので、花の名前を覚えるのと英語のおさらいが日課でした。

たとえば、「タリクトラム アキレジフォリウム」。和名はカラマツソウですが、こんな名前を３００くらいは覚えたかな。だから、いまだに日本語で言われるとわからなかったりします。

6月になると、見たこともない花がいっぱい咲き始めます。それで夢中になったのが花の植栽図作り。まだデジカメが一般的でない頃です。花の写真を撮って、現像して、学名を調べてのくり返し。このプロセスが勉強にもなるし、中には日本で育てられる植物もあるかもしれない。ともかく一番身近な庭を研究しようと思いました。私、神経質ではないんですけど、どこかオタク気質なので、何かピンとくるとガ然、スイッチが入るんです。

私にとっては先生であるガーデナーにも自分の仕事も生活もあるので、5時には放り出されてしまいます。自分で学びとって、持って帰らなければ意味がないという焦りもありました。インターンシップはなにせ半年という短期間。私は、家賃を払ってあと2か月置いてもらいましたが、気を抜いていては、ただのお遊びにしかなりませんから。

でも、インターンシップを選択したのはよかったと思います。私は習うより慣れろ型。イギリスできちんと園芸学校に通った子の話を聞くと、実際に土に触れるより座学が多いので、私には向かなかっただろうなあと。本物の庭を見る、花の名前を覚えるだけで精いっぱいでしたが、庭の何たるかがわかりましたから。

ブラムディーン・ハウスのガーデンは、咲いている花を植える花壇ではなく、基本的に宿根草で魅力的に見せる、イギリスの典型的な庭のスタイルでした。5月下旬から6月にかけて、順を追って花が咲き始めます。春は、スイセンなど球根ものから始まって、ゲラニウム、ジギタリス、6月中旬から後半にかけてバラの季節がやってきます。7月のイギリスの短い夏を彩るのはネペータなどです。最後にアスターなどが咲いて、庭も終わっていきます。

花に季節があることもよく知らなかったし、ガーデナーが緻密な計算を施すことで、季節で風景を変えられるのが新鮮でした。同じ場所にいても、風景はどんどん変わっていく。ナチュラルに、無造作に植えているように見えるのに、裏では計算している。咲き始めると本当にバランスがいいことにも感動しました。

インテリア好き、デザイン好きの私には、絵を描くように庭を作るのがとてもおもしろかったのです。開花期だけではなく、背の高さ、葉や花の微妙な色合いまで、ひとつの庭にガーデナーの知識やたくさんの情報量が詰まっている。想像した以上にディープな世界だったので、勉強して習得したら、きっといいことがある。やり甲斐、勉強し甲斐のある国に来たなあとすごく思いました。

もてなし好き、およばれ好き

夏は8時くらいまで日が沈まないし、大人も子供も噂に聞いたとおり、パブに集まっていました。日本みたいなアミューズメントがないので、週末は家族で過ごし、ハイキングやドライブをする。派手にお金を遣って過ごすよりも、ゆったり家族と過ごすのがイギリス人の週末の過ごし方で、常に便利さを求めている日本人との違いをとても感じました。

家で過ごすのが一般的だから、頻繁に友だちも招くし、ガーデンパーティも経験しました。持ち寄りで集まって、なにげない近況報告をする。最初から家族ぐるみのおつきあいなのがとても新鮮でした。我が家は野菜を作っていたので、家族と出かけるのも皆無だし、ホームパーティという発想自体なかったですから。

ガーデンパーティでは、まず外の空気を楽しみながら、お庭でウエルカムドリンクを味わう。だんだん暗くなってきたら、家の中でディナー。食事にもとことん時間をかけます。私のホストファミリーのようなお金持ちでも、後から友だちになったごく一般的なおうちの人でも、その点は同じような印象でした。

正式なディナーの時は、そんな場に出られる服も持っていないし、英語もおぼつかないので、キッチンでごはんを食べたり、お手伝いさんを手伝ったりしましたが、それもいい思い出です。なにせフォーマルなパーティになってしまうと、前菜からしっかりコースが出るし、スプーンに家紋が入っているようなおうちだったので、とても参加できる雰囲気ではありません。もうちょっと気軽なランチの時などは、私も一緒に食べていましたが、そんな普段の自分とは違う暮らしのひとつひとつにワクワクしたものです。

おもてなしの多いブラムディーン・ハウスの豪華なインテリア

オープンガーデン

パブリックなガーデンに対して、個人が自分のために作っている庭をプライベートガーデンと呼びます。でも、月に一度など日を決めて、プライベートガーデンでも一般に向けて公開することがあり、これをオープンガーデンと呼びます。私のホストファミリーも月に一度だけ公開していました。

イギリスには『イエローブック』というお庭のハンドブックがあって、毎年春になると、この本を片手にイギリス全土で、オープンガーデンをまわる人々が現れます。『イエローブック』には審査基準があって、小さい庭でも丹精込めたものであること。40分以上その庭に滞在しても飽きさせないことが必要条件だといいます。プライベートガーデンのオーナーは、入園料をとりますが、それが慈善団体などに寄付されて、チャリティとして社会に循環するのもイギリス流だと思います。

オープンデーには、オーナーがケーキを作って販売したりして、庭が即席のティールームに。集まった人で庭談議に花が咲くこともしばしば。ブラムディーン・ハウスでは、ティー・レイディと呼ばれるおばあちゃんがポットに入れた紅茶と、手作りのケーキを持ってやってきて、販売していました。それがおばあちゃんのお小遣いになるんです。ガーデナーが作る苗の販売もあり、上野ファームの原型といえるかもしれません。ガーデンとティールームとナーサリー（苗屋さん）がどこでもセットになっている。素敵な庭を見ているうちに、この花が欲しいとなるし、歩き疲れたら休める場所が欲しいわけです。となると、シメに甘いものが欲しいし、お庭の最後は、雑貨も買ったりして、お茶をしてくつろぐ流れがいいんだなあと勉強になりました。普段、誰も入らないひそやかなガーデンにいろんな人が集まって、お祭りみたいになる。「花でこんなに人が集まるんだ、旭川にはこんな場所はないし、うちでもやるぞ」と心に決めたことでした。

庭めぐり

シシングハースト、ヒドコート、ウィズリーガーデンなど、イギリス滞在中には有名なお庭もたくさん訪ねました。こういうお庭は、ガーデナーにとっては聖地のようなものです。自然に生えているように見えるけれど、植物の配置が細部まで計算されている。レベルの高さに圧倒されましたが、完成度の高いものを見たことがその後、役に立ちました。

イギリス人は、さすが大英博物館を作った人たちだなあと思うのですが、今もその血は脈々と続いていて、プランツハンターでもあるんです。ひとつの品種をとことん集めて、「その葉っぱの形が独特で素敵ね」なんて言い合っている。私から見たら、ぜんぶ同じ葉に見えるのに、ひとつのことであそこまで語れるマニアックぶりが驚きでした。

ブラムディーン・ハウスにも、そこだけにある品種というのがあって、ホストファミリーの奥さまがとても大切にしていました。自然の交配でできたもので、普通より大きくなるキャットミントがあったんです。上野ファームにも種を持ち帰ったので、今も季節になると小さな紫の花を咲かせてくれます。

正式に登録されているわけでもない、どこにもない花に、自分だけの名前をつけて大切にする……イギリス人の庭への愛好ぶりを示すエピソードだと思います。

ホストファミリーのお知り合いだったお屋敷。
伝説のガーデナーの庭をよみがえらせました

聖地シシングハーストのキャッスルガーデン。
塔の上から私が撮影しました

グローラのこと

イギリス人は犬を仲間として大切にしますが、ホストファミリーも「グローラ」という名前の犬を飼っていて、大の仲良しでした。何事にもユニークであるのを好むイギリス人には、変わった雑種を作っては自慢する人が多いんです。日本のようにピュアな血統書付きを好むことはなく、いかに変わっていて、オリジナルかどうかが競われる。犬文化にもお国柄が出ているのです。グローラも、ラブラドールとフレンチプードルの血が入っている混血なのが奥さまのご自慢でした。

私は散歩係だったので、よくグローラを連れて、家と家の間、畑の真ん中、あぜ道などにあるフットパスを歩いたものです。グローラもなついてくれて、いつの間にか庭仕事の間やプライベートの時間も一緒に過ごすように。お利口で、本当にかわいかった。

というのも、お手伝いさんやガーデナーは敷地内の別宅に住んでいますから、ホストファミリーがいない時は、私は大きなお屋敷に一人になってしまいます。１６０年は経っている洋館に人気がないと、まるでホーンテッドマンションです。もちろん、ホストファミリーはセキュリティには気を遣っていたけれど、おばけのほうは……ちょっと怖かったですね。まして、イギリス人は幽霊が出るのを自慢にするくらいですから。心細い時はグローラが相棒。屋根裏の自分の部屋に連れて行って、一緒に寝たりしました。最近になって死んでしまったので、もう会えないのがとても残念な、私のイギリス時代の相棒です。

Mr.Growler

グローラはイギリス留学時代の最大の仲良しでした

04

夢を

Ueno Farm

Dreaming Garden

呼び込む

庭を作ってどうなるんだろう？　確かなことは何もありませんでした。
それでも夢中でやり始めたら、たくさんの偶然が起こり、物事が展開するように。
頭でいろいろ考えず、まずは始めてみることだなあとつくづく思います。

庭作り

見えない未来を信じて

帰国後は、自分が見てきたイギリスの庭を、どう表現していいのか、手探りの庭作りが始まりました。秋に戻りましたが、冬の間は、どんな庭にしようか構想を練りました。旭川の長い冬は、イメージを膨らませたり、プランニングしたりにはぴったりなのです。日本でどういう植物が手に入るかも知らないし、まずは苗を作ろうと、インターネットや園芸誌での情報集めが最初の仕事でした。海外通販で取り寄せたものもたくさんあり、学名で花の名前を覚えたことが役に立ちましたね。

植えてみたいなあと思う花で、手に入るものなら、ともかく何でも育ててみようと。実は、サボテンくらいしか育てたことがなかったんですよ。寒いうちは、実家の４畳半の部屋で、苗を種から育てました。雪が溶けた頃にビニールハウスで栽培できるように、１００種類くらいの多品種をトレーに植えて、まるでもやしを栽培するような感じでした。

公道をトラクターで走れるように、大型特殊免許も取りに行ったんです。庭にするつもりの土地は、土壌改良のために植えていたクローバーをすき込んで、１回まっさらにしてあったので、何もないところからのスタートでした。部屋でもやしのように育てていた苗も、ビニールハウスに移して栽培。普通の家にビニールハウスがあるわけではないし、トラクターだってもちろんない。上野ファームは、ガーデナーにとっては、ある意味、すべてが揃った環境で、農家だからここまでやれたのだと思います。

すぐに咲く一年草も植えましたが、メインは宿根草。種から育てた宿根草は、開花までに時間がかかるので庭にも１年後を見越して植えていきます。イギリスの植物は、北海道の気候への耐寒性もわからないし、翌年になってすべて枯れていたら、ダメだとわかるという具合。１年目の春は、本当に地味な作業でした。

誰ともしゃべらず、ひたすら苗を植えていくんです。6月を過ぎると苗も大きくなって、芝生も種をまいて作りました。せっかくイギリスまで行って学んできたことが何だったのかと後悔しないために、結果を出したい一心でした。翌年オープンできるかどうかもわからないし、「庭を作ってどうするの？」と聞かれても、きっと答えられない。見えない未来を信じて作っていたんです。

種の不思議

黒や茶色の小さい粒から、花が咲いた様子を想定して苗を作り、花の開花期やデザインを考えながら庭を作っていく作業には、想像力と夢がいっぱい詰まっています。毎日、地味な作業のくり返しではあったけれど、こんなに小さい種なのに、こんなに大きくなるんだ、植物って偉大だなあというワクワクもありました。咲いているものを買ってきて植えるとかではなく、種から育てると、花が咲いた時の感慨はひとしおです。

私は、旭川の農家という、自然はあるけれど、ほかには何もない場所で育ったので、「ないなら作ろう」という姿勢がもともと強いほうでした。一人暮らししていた時に自分の部屋のインテリアを考えるのにハマッたように、与えられた環境に満足できない時は、自分の満足いくものを新たに作り出そうとします。庭作りは、その最たるものだった気がします。庭そのものが作品というか、アートにも似ている。究極のクリエイティブな作業だと感じています。大自然があるということは、何でもそこから作り出すことができるし、いわば磨かれていない原石があちこちに転がっているようなもの。どう磨くかは自分次第だし、やってみれば、また自然が後押ししてくれる。人工物に慣れきっていない、自分で何かしなければ何も始まらない環境で育ったことが、ガーデナーとしての資質につながったのかもしれません。

オープンガーデンブックと、丘のふもとの小さな苗屋

花が咲き、芝生も生えてきて、母がずっとやっているお庭もあって。1年目の夏から、特に宣伝はしていないのに、庭好きの人が見にくるようになりました。北海道新聞でも紹介されて、また人が来てくれる。ちょっとした記事でも、こんな田舎を探して来てくれるんだなあと希望が出てきました。

1年目には、北海道版の『オープンガーデンブック』の新聞記事を見つけて、すぐに参加しました。また、海外通販などで珍しい花を手に入れていたこともあり、お客さんから「苗を分けて」という声も出てきたんです。それで、「苗を売ったら自分のアルバイト代くらい稼げるかも」とビニールハウスを拡大して、苗を販売できる場所を作りました。なんとなく形になってきたので、「上野ファーム」という名前にしたのもこの頃。苗屋にも「丘のふもとの小さな苗屋」と名前をつけました。宮崎駿さんのアニメ、『風の谷のナウシカ』などヒットするものには、「の」が2回重なる法則があると聞いて、この名前にしました。

ビニールハウスを拡大する時には、コンクリにドリルで穴あけたりも、家族でやりました。お金をかけられないから、業者さんの手を借りることはあっても、基本的には家族でやるのが上野ファーム流です。

こうやって、「丘のふもとの小さな苗屋」のオープンにこぎつけると、1年目に記帳してもらっていたお客さんたちにDMを出しました。この時は、口コミの威力を実感しましたね。「あそこに花があるよ」と花好きが花好きを連れてくる。この時の苗は、今考えると申し訳ないくらいの苗なのですが、大きな園芸センターには品揃えとか、値段とか勝てなくても、珍しいものを売れば、お客さんが来てくれるんだと、また発見がありました。これで、新しい流れがきっとできる。翌年につなげようと強く思っていました。

苗だけじゃなくて、雑貨も売ろう

苗屋も、最初は、無人の販売所だけ。「庭で働いているので、何かあったら声をかけてください」と看板を出しておきました。でも、週末に人がたくさん来てくれるようになって、ハウスでお客さんと話す日が増えてきました。それも楽しい時間だけれど、夏の間は、庭でもやりたいことがいっぱいある。店番が必要になったのです。

アルバイトを置くなら雑貨も販売しようと、3年目を前に昔の牛舎を改造。左官屋さんに教えてもらいながら、コンクリを打ったり、鉄筋の針金を組んだりもしました。トタンの壁もベニヤに貼ってもらって、小さなお店ができました。

アパレル会社では仕入れを担当していて知識があったので、まずは東京へ。ギフトショーという雑貨の展

「丘のふもとの小さな苗屋」では宿根草を中心にハーブや一年草など、400種を超える苗を扱います

示会で仕入れ先を探して、手作りの名刺を渡して営業をしました。ギフトショーは、東京ビッグサイトが会場。たくさんのブースに分かれているので、欲張ってパンフレットをもらって、腕がちぎれそうになりながら、2、3日足を棒にして歩きまわったものです。メーカーさんとのやりとりなどにはアパレルでの経験が生きました。何でもやってみるものだな、無駄になることってないな、と思います。

店に雑貨を並べる棚が必要となれば、通販で安い棚を買い、壁には好きな色をペンキで塗って、農場っぽいコテージ風のインテリアに仕上げました。

雑貨を置き始めた3年目にもなると、庭もどんどん成長してきて、ダメな花といい花もわかってくる。「咲く・咲かない」で、旭川の耐寒レベルが判明する。この頃、ホームページもできたし、ガーデンショーなどにも出かけ、種屋さん、苗屋さんとのおつきあいも定着してきました。今の上野ファームの下地ができ上がった頃でした。

次は、人の集まるカフェを

4年目を前にした冬。私の頭にあったのはカフェを開くことでした。夏は庭をやり、冬は翌年のことを考える。はっきりした季節のサイクルがあるから、毎年新しいことをやれたのだと思います。庭中が雪で覆われてしまえば、まったく庭仕事に手を出せないので、「妄想」に専念できるんです。雪という真っ白なキャンバスに、色とりどりの花や緑で絵を描いていく感覚です。

飲食をやるとなれば、保健所の許可が必要なので、食品衛生取扱責任者の資格を冬の間に取りに行き、人を雇う準備もしました。大工さんと相談しながら、さらに牛舎も改造。また母と二人、コンクリを打ったり

古い牛舎を改装したショップは天井が高く、堂々とした作りです

もしました。昔、本当に牛を飼っていたところなので、牛の糞がこびりついている。掃除もなかなか大変なのですが、自分たちでやりました。

私自身、カフェに行くのは大好き。お客さんにゆったりした時間を過ごしてほしいと、インテリアにもこだわりがありました。外観のアイデアも練り、ペンキを塗ったり、石を使った道にビー玉をはめ込んだり。自分のやりたいように作り上げました。

アルバイトさんでも気軽に作れるメニューを考えるのも楽しかったですね。初めは夏場だけの営業だったので、デザートと飲み物のメニューをいろいろ考えて。仕入れ先を探すのにあちこち奔走したのもいい思い出です。

この牛舎で開いた夏だけのカフェが今、通年営業している「ナヤカフェ」の原点。こうして、イギリスのオープンガーデンで目にして以来、心の中で育てていた「庭とお茶、苗の販売」＝「人が集まる場所」という夢は、徐々に形になっていったのです。

ガーデンコンサートなど庭でのイベントを始めたのもこの頃。庭のグレードも年々上がってきて、「上野ファームは、毎年変わるよね」なんてお客さまにも喜んでもらえる。うちは、家族が全然誉めないというか、黙って背中を押してくれるタイプなので、お客さんに代わりに誉めてもらえるのが励みになりました。

ＢＩＳＥＳガーデン大賞・グランプリに！

この年はまた、第一の転機となる大きな出来事がありました。母とともにずっと愛読していたガーデニング雑誌の先駆け、『ＢＩＳＥＳ』のガーデン大賞に応募したんです。『ｎｏｎ・ｎｏ』に投稿していた頃の投稿熱が、コンテストと聞くとムクムク湧いてくる。宿根草の株も大きくなって、庭もそれなりに形になってきたし、雰囲気もいい。ミラーボーダーの庭も、サークルボーダーの庭もできてきたし、白樺も育ってきた。自信は全然なかったけれど、一生懸命に作ってきた庭が全国誌でどう評価されるのか知りたかったんです。昔の技術を駆使して作ったプレゼンボードを春に送り、ドキドキしながら発表を待ちました。

大賞受賞という知らせがあったのは、８月のこと。まさかそんなにいい賞をもらえるとは夢にも思わなかったので、「いい波が来たかも！」とつい頬がゆるんでしまいました。『ＢＩＳＥＳ』は、ガーデン好きの間では別格扱いの雑誌だし、母さんなんておろおろして、すっかり腰が引けていました。手探りで始めたガーデンに人が来てくれて、おまけに全国誌で賞までとれて。みんなに通じる庭になってきたんだ、全国で評価してもらえるレベルなんだ、と心からうれしかったです。

とは言え、戦後最大級の台風の当たり年でもあったので、取材班が来た時には木が倒れたり、花も飛び散ってしまって、ひどい有様でした。最初のガーデンコンサートの日も実は雨だったし、『ＢＩＳＥＳ』の取材時の台風といい、気合いが入りすぎると、どうも悪天候を呼んでしまうようです。

冬は充電期

短い夏の間は気を抜かずに働かなければならないので、冬は、翌年の構想を練るだけでなく、海外に行ったりして充電を心がけました。冬ごもりして作戦を練るだけでは煮詰まってしまう。イギリス、フランス、ドイツ、スペインなど、ヨーロッパが好きなのですが、毎年どこかに旅をしていました。夏に出して、冬に貯める。自分の気持ちをリフレッシュしつつ、新しいものを見て、自分に栄養を与える。夏に持っているものを出し切るぶん、冬の充電がとても重要だと感じていました。

庭が軌道に乗るまでに、悩みもいろいろありました。人が増えるにつれ、駐車場やトイレなど、それまで考えたこともなかった問題も発生。道路に車があふれると近隣に迷惑がかかってしまいますし、「ともかくお客さんの需要に応えなきゃ、応えなきゃ」とずっと走っていた気がします。経営面でも、ちょっと寒い日が続くと夏でもお客さんが来ない日もあるし、すごく不安になる。最初はそういうことをひとつひとつ一人で受け止めていたので、精神的に大変でした。

でも、だんだん、「あったかくなったら、また来てくれるよー」とか、鷹揚にかまえられるように。何かあった時にイチイチ落ち込んで、暗くなることも少なくなりました。上野ファームのトップは父ですが、ガ

Work

一家が団結して庭作りをすることは、上野家にとっても大きな変化でした

ーデンや店は、経営も私が見ています。自分で責任をとって何かをすることに、やっと慣れてきたのかもしれません。そんな風に精神的に強くなれたのも、４年目、５年目のことだったと思います。

庭の持つ不思議な力

『BISES』の取材があったのは04年の秋。年末には私たちの庭が誌面を飾りました。年々お客さまも増えて、アルバイトも増やして、庭が新しい人たちやパワーを運んでくれるのを実感していました。庭が力を持ち始めるというか、そこに不思議な引力が発生して、物事が大きく展開していくんです。

たとえば、私たち家族も変わりました。上野家は、酪農も、米も、野菜もやっていたので、両親はともかく忙しくて、私が子供の頃、家族で一丸となって何かをするなんてなかった。それが庭を作ることで、初めてひとつになれたんです。実は、最近、関西にいる妹も帰ってくると言っていて。庭には、人を結びつける力があるんですね。庭作りのストーリーは、そのまま私たちの再生でもあったような。大げさなようですが、本当にそう感じています。種からまっすぐと空に伸びていく、植物の生命力のおかげだと思います。

今、たくさんの人が庭にやってくるのも、ちょうど花があるとミツバチが寄ってくるような感じ。きれいだから見にくるのもあるけれど、癒されたいという感覚もあると思います。単なる花好きだけではなく、それほど植物に興味がない人も、庭のパワーをもらいにくるのです。毎日、仕事や子育てで疲れている人も、ここに来て、「なんだか元気になったなあ、癒されたなあ」と感じてくれたら本当にうれしいです。

そして、庭の不思議な引力は、これだけでは終わりませんでした。もっともっと大きな存在を引き寄せてしまったのです。

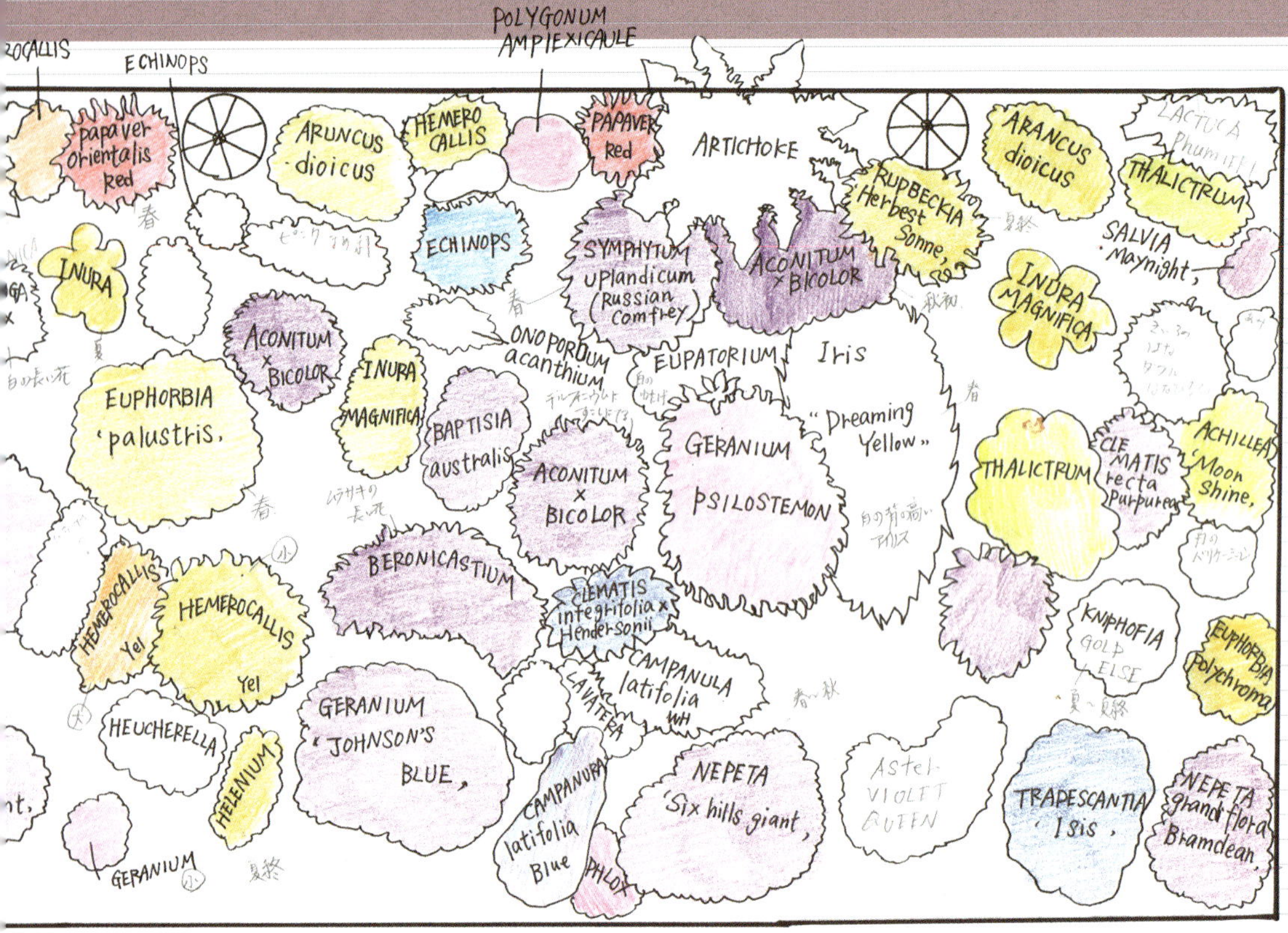

実際のブラムディーン・ハウスの庭の写真（下）と植栽図。学名を辞書で調べ、色鉛筆で塗り分けた労作。手を動かすことで知識が身についたといいます

上野さんの
ガーデンノートから

03

gardening note →

好きな庭をスケッチ
～植栽図を描いてみよう

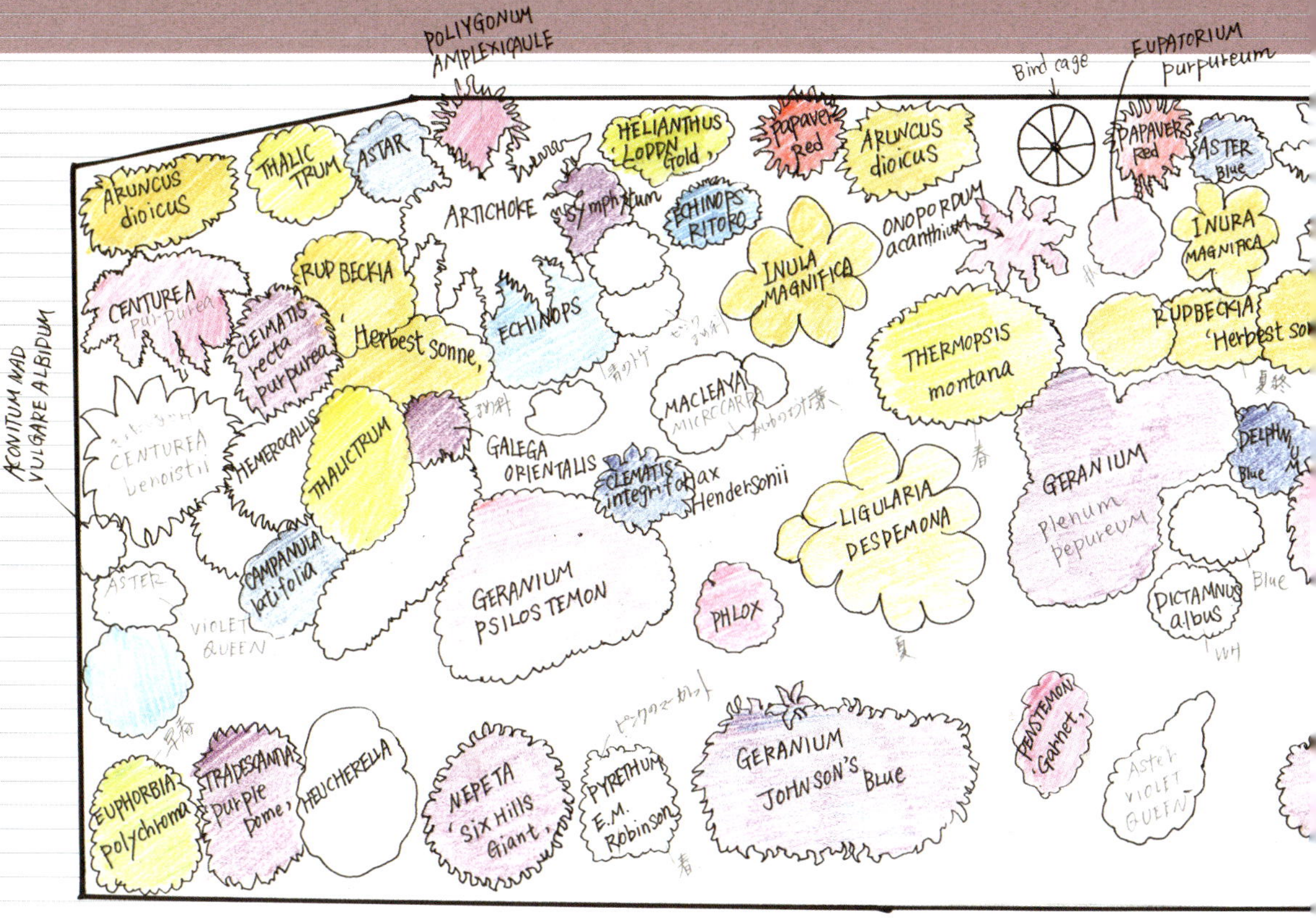

私は、ガーデンデザインを考える時、よく花の写真をボードなどにコラージュしてイメージを固めます。頭の中だけで組み立てるのは無理ですから、一目で見渡して考えるようにするのです。

スケッチや植栽図を描いてみるのもおすすめ。私は、イギリスのブラムディーン・ハウスで、庭の植栽図を作ったのが本当に勉強になりました。植物の見取り図のようなものですが、描き方も洋書を見ながら、独学しました。１m四方にどんな色の植物を植えたいのか、色を塗るだけ。植物がハッキリ映る大きさに庭の写真を撮り、焼いたものを実際の庭のように、順番に並べて、よく見ながらスケッチします。

お手本となる庭の植栽図を作ると、さまざまなことが学べます。たとえば、花の色合わせのこと。柔らかい色は何株でも面積を広くとってもいいけれど、赤など強い色はポイントだけに使うんだな、とか。また、葉っぱにも色があるんだなあとか。白っぽい葉もあれば、ライムグリーンも、ブロンズも、濃い緑もある。形も、ギザギザもあれば、フキの葉みたいな葉もある。そういうことが写真を眺めて、植栽図を作るという作業の間に自然と頭に入るんです。園芸学校に行かなくても、デザインの基礎が頭に入るはずです。

上野さんの
ガーデンノートから

04

gardening note →

花の選び方は舞台女優のキャスティングに似ています

花の高さもきれいに揃えすぎると学校の花壇みたい。丸く咲く花も、とんがって咲く花も、ニョキッと咲く花もあります。

また宿根草には開花時期があり、6月に咲く花ばかりを集めると、7月、8月と何もない庭になります。主役クラスの花が一度に並んでしまわないで、5月の終わり、6月の上旬、6月の後半と少しずつずれて咲いていく。それができたら、もう庭の上級者。同じ庭にいながら、旅をしているように異なる景色を楽しめる。それが宿根草の庭の魅力です。

また、花の性質も押さえておきたいもの。増えすぎて困る植物もあるし、どんな風に増えるか、茂るか、きちんと把握してから植えましょう。横にはびこっていくもの、石の隙間に植えるのにいいものなど、植物それぞれに性質があります。年間通して、おしゃれで、雑草畑に見えないようにするには、開花期とともに、この「性質」を知るのが大切なのです。

花の組み合わせは、舞台のキャスティングに似ているなと思います。主役クラスの花に脇役がさりげない存在感を加えることで、庭に落ち着きが生まれます。舞台監督になった気分で、引いて眺めてください。

ポイントとしては、開花期が同じか、少しずつ重なるものをレイアウトすること。この植物たちの背後などに隙間を作り、違う開花期の植物を植えて次のステージを用意します。

6月〜7月に開花期が重なる花たちの
バラを主役にしたキャスティング例

花の名前	開花期 6月 7月 8月	丈高(cm)
バラ		100〜130
ジギタリス		80〜120
サルビア ネモローサ		80〜120
ネペータ 別名(キャットミント)		60〜80
ゲラニウム		60〜80
アルケミラ モリス		30〜50

※開花時期は北海道旭川市の例です。ほかの地域ではこの季節に咲かないこともあります。

上野さんの
ガーデンノートから

05

gardening note →

土地の特性をよく把握してガーデンを作る

一般家庭の庭は、そう広くはないもの。いつも見る地点を決めてテラス席、窓など、くつろぐ時の視点に合わせると、満足のいくものになりやすいのです。

たとえば、コンクリの塀がその地点から丸見えでは、そこにいくら植物を育てても素敵には見えません。庭は舞台背景のようなもの。ツタで塀を隠し、生け垣を作り、芝生で緑の面積を増やし、できるだけ人工物を隠していきます。その中で主役の植物がオーケストラのようにそれぞれ音色を奏でるイメージです。植物は、1本だけ植えるより、一緒に植えることで、競い合い、守り合い、強い根を張り合っていきますから。

また、日本は、北から南へと長いので、ひとつの例が全国で使えるわけではありません。全国誌や本で伝えられるのは、イメージや考え方、情報ソースだけ。同じ地域の情報が何より大切です。おすすめしたいのは散歩。道端の庭も気に留めて、角の家はこんな花が咲いているなあとかよく見てください。近所で育っているということは、自分の庭でも育つ可能性が高いということ。開花時期もなんとなくわかりますよね。

頭でっかちにハウツーばかり求めすぎると園芸ジプシーみたいになってしまう。新しい品種を探しつつ、地元で育つ植物を探すバランスが大切なのです。

ドラマ『風のガーデン』のラストでも印象的に使われたエゾエンゴサク。北海道ではよく見かける可憐な花ですが、関東以南では自生していません

05

ドラマ「風のガーデン」に参加して

Ueno Farm ・ Dramatic Garden

庭が呼んでしまった最たるものが脚本家の倉本聰さん。先生の提案で、
ホテルの庭のガーデンデザインをするはずが、『風のガーデン』というドラマの庭に発展。
1年かけて植栽する中で、私の人生も大きく展開していきました。

縁を呼んだジャルディーノの庭

庭を作りたいので相談に乗ってほしい。旭川市内にイタリアンレストランを開くというオーナーが、ある日、上野ファームを訪れました。20坪の敷地に、宿根草の庭と野菜中心のキッチンガーデンを作るというのがオーナーのアイデア。私が植物のプランを考え、造園屋さんと組んで、芝生のある自然な感じの庭を作りました。

オーナーも植物が好きな方なので、植えた後はオーナーが丹精されて。たまに植物を追加したり、食事をしに訪れても、いつもきれいに保ってくださる、デザイナーとしてはうれしい庭でした。そして、このレストラン、「ジャルディーノ」の庭が、とんでもない縁を運んできたのです。

2005年の夏の終わりでした。庭も折り返しに入り、花も少なくなってきた頃。母さんと汗だくで芝刈りをしている時、「ジャルディーノ」のオーナーから電話がありました。

「今から倉本聰さんが上野さんのところに行くから」

倉本先生といえば、いわずとしれたTVドラマ『北の国から』の脚本家です。北海道ではこのドラマを見ないと、学校や職場の話題についていけないのが常。倉本先生は、本州の人が考える以上に、北海道のスーパー・セレブなのです。

母と二人大慌て。ドキドキして待っていると、本物の倉本先生がご家族と一緒にやってきたのです。

「宿根草を中心に、季節で風景が変わっていくガーデンなんです」

と庭を案内してまわりました。倉本先生の奥さまも植物がお好きとかで、とても興味を持って聞いてくださいました。

なんでも、倉本先生のお嬢さんが空港まで先生を迎えに行った帰りに、「ジャルディーノ」を偶然、見つけたといいます。以来、気に入って、めったに外食をしない倉本先生が何度も足を運んでいたそう。当時、富良野のプリンスホテルのゴルフ場跡地が花壇になっていたのですが、先生は、「ジャルディーノ」の庭のような自然な感じがいいと興味を持ち、それで上野ファームへ来てくださったのです。

「プリンスホテルの庭について相談に乗ってほしい」

というようなことを当日、お話しされたと思います。プリンスホテルには先生のドラマにちなんだ喫茶店もありますし、お住まいも近くなので、いろいろとアドバイスをされていたようです。こうして、上野ファームの物語に、また新しい章が加わりました。

Dream

撮影に入る前の雪にうもれたガーデン。雪の下にはたくさんの植物が眠っています

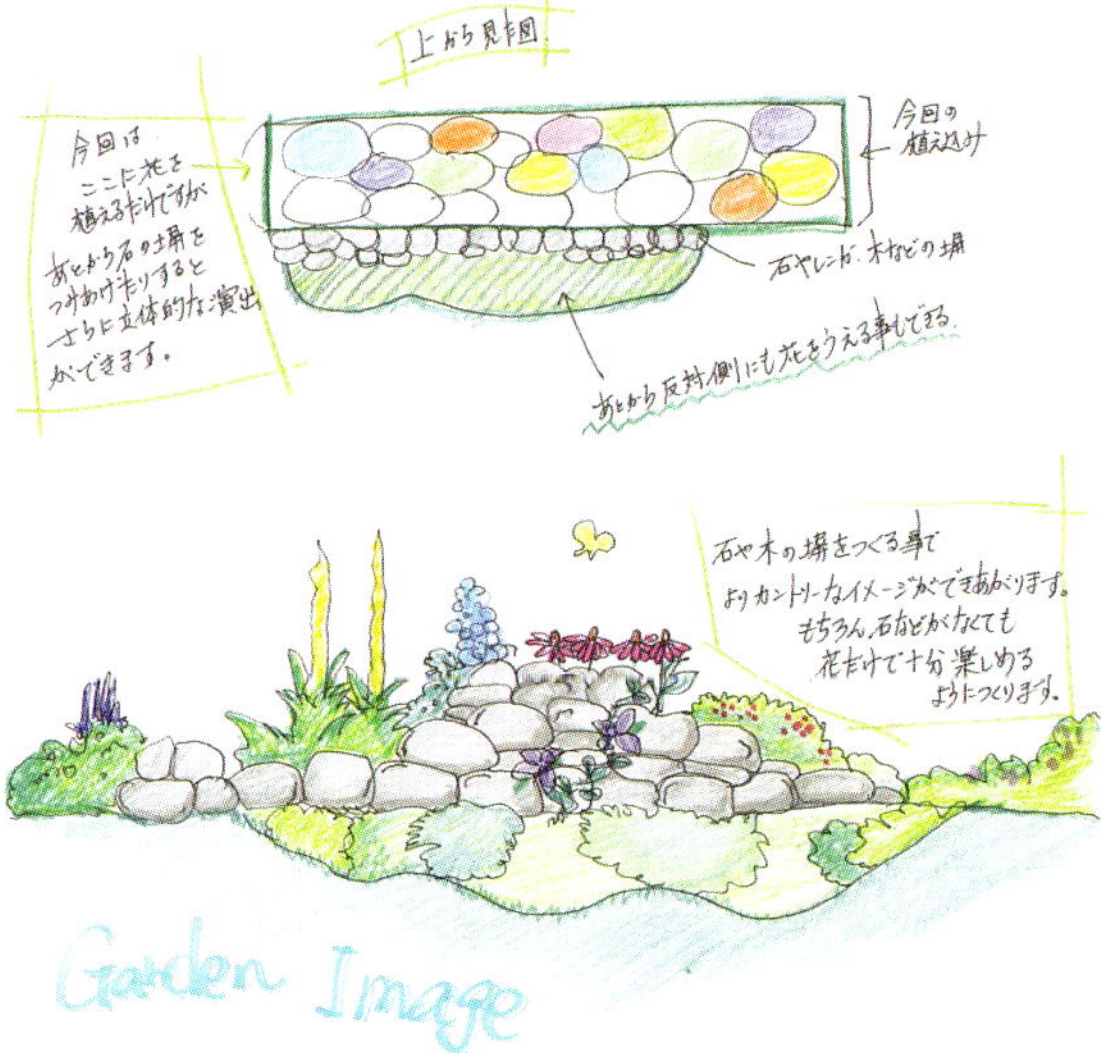

倉本先生に提出したガーデンのプラン図。何度も何度も描き直し、花を描き込んでみて、しだいにイメージを固定していきました

Dramatic Garden

ドラマ「風のガーデン」に参加して

ホテルの庭がドラマに！

その後、プリンスホテルの関係者から改めて庭について相談があり、倉本先生と私と三者で、打ち合わせの場がもたれました。ゴルフ場の跡地の一部を庭にするというアイデアがもともとホテル側にあり、そのガーデンデザインを私が引き受けることになったのです。06年の春から着工するつもりで、全体のマスタープランも出しましたし、プレゼンを重ねて意見を交わしました。急に大規模なものを作るのは難しいので、ゴルフ場跡地のワンホールを宿根草のガーデンにするつもりでした。

私のイギリス行きや家族のことなど、上野ファームが生まれるプロセスについてもお話ししていたからでしょうか。「庭を作っている家族の話はおもしろいね。どうせなら、ドラマにしてしまおうか」とある日突然、倉本先生がおっしゃったんです。私はびっくりしすぎて、どんな言葉だったのか、正確には思い出せないほどです。本当のところを言うと、意味すらよくわからなかったので、「冗談なのかなあ」と思ったくらいでした。ホテルの関係者の方たちも驚いていましたね。

その打ち合わせが05年の年末だったでしょうか。それから冬の間に、今まで描いていたプランをなしにして、ドラマのためだけに庭を作ろうと急展開したのです。ドラマ『風のガーデン』の始まりでした。

Dramatic

ゴルフ場のグリーンがしだいにガーデンに。私自身も不思議な気持ちでいっぱいでした

プリンスホテルの敷地内の三尺バーベナ。ここはドラマのロケ地ではないのですが、すがすがしい場所です

Dramatic Garden

ドラマ「風のガーデン」に参加して

花を植えるだけでも大騒ぎ

こうして、ドラマのために庭を作ることになったのですが、庭は、ドラマのセットのようにすぐできるものではありません。06年から07年にかけて、倉本先生は取材や情報収集されながら脚本を執筆。私は、05年の冬の間に、「妄想力」を存分に発揮して、プランニング。06年の春から植物を植えて、開花状況を見ながら、08年の花のきれいな時期に撮影、秋から冬にかけてのクールで放映という運びになりました。

実際の庭作りには、「1年、時間をください」とお願いしましたが、5年かかった上野ファームの庭を1年で作るようなものです。無謀ではありますが、やるしかない状況でもありました。庭が呼んでしまった人生初の大仕事、この展開には自分自身が一番驚いていましたが、頑張らなきゃ、と気合いも入りました。

初めのうち悩んだのが、手伝ってくれるのが造園屋さんではなく、元キャディのおばさんなど、ゴルフ場の管理をするスタッフだったこと。花の学名なんて、当然ながらチンプンカンプン。「私の植えたいものをどう伝えたらいいの？」と、まず頭が真っ白になりました。私が提案したプランでは、ざっと計算しても2万本以上の花が必要だったので、そのデザインをどう現実に落とし込むかが大問題でした。

頭を絞った結果、敷地をビニールテープで碁盤の目に分けて、番号を振りました。この番号が360種類以上の花の名前と対応するようにしたので、私がいなくても、現場の人たちが間違えずに植えられるというわけです。このマス目には74番5本、という具合です。これなら効率がいいし、確実に反映されるなあと。

手伝ってくれたみなさんは、もともとプリンスホテルの花壇を管理していた方たちなので、いったん覚えると、手際もいいんですよ。暖かくなると一斉に生えてくる雑草とりも、みんながいなければできなかった。倉本先生も、スタッフのおばさんたちの働きぶりについては大絶賛でした。

おじさん、おばさんもガーデナーに変身

家族が代々作っている庭であること、主人公はガーデニングについて外国で勉強してきたことなど、倉本先生の要望はハイレベル。1年やそこらで作ったような庭に見せてはいけないので、関係者のプレッシャーはとても大きなものでした。宿根草を植えても、初めは表面に植物が出ていません。ドラマの関係者も、庭を見にきても何もないので、「これで撮れるの?」ととても不安そうでした。みんなが切羽詰まった気持ちでいたし、咲いてくれるように心の中で念じていました。

でも、季節が進むにつれ、花は順調に咲き始めました。上野ファームを作り始めた時と違って、北海道の耐寒レベルもわかっているし、ゴルフ場の敷地の土壌改良を熱心にやった成果もあって、完全な失敗はありませんでした。6月ともなると、それはもう、きれいなんですよ。花に興味がなかったおじさんたちにも管理の仕方を覚えてもらいながらの作業でしたが、みんな花の美しさを見ればやる気にもなるし、勉強しているうちに、だんだんとガーデナーみたいな顔になってくるんです。ガーデナーのいない庭は途端に色褪せてしまいますが、今後も、あの庭は、ガーデナーに変身したおじさん、おばさんたちが手入れをしてくれると思うと安心です。花好きな人が作ったらこうなるだろうと、敢えてハイメンテナンスに冒険してしまった、暴れ馬みたいなガーデンなんですけどね。

倉本先生も、毎日のように庭を見にきて、じっくりと脚本を書き、手直しされていました。咲いてから先生が気に入る花があると、新たに台本に加わりますし、その花の本数を増やすなど、庭のほうでも手直しの必要が出てきます。先生が発光しているような青だと気に入った花があって、すると青がドラマの中でも重要なキーになる。ガーデンからストーリーが生まれるのを間近に見られたのは、裏方ならではの喜びでし

た。人物の設定も細かくノートにまとめられて、登場人物の相関図やそれぞれの人生が先生の中ですっかりでき上がっているのです。それも、つくづくすごいなあと思いました。

先生のご家族の方もとてもよくしてくださって。お昼に呼んでいただいたり、おやつの時間に差し入れしてもらったり。本当に、さまざまな面で支えていただきました。

夏の間は、上野ファームの仕事と並行していたので、人を寄せつけないピリピリしたオーラを出していたかもしれません。でも、今となっては、すべて、いい思い出ですね。

花の開花に合わせて俳優陣も現地入り

1年目、07年の夏の間に花の咲き具合を見ながら調整し、2年目、08年の夏はいよいよ撮影です。『風のガーデン』は、緒形拳さんの遺作にもなりましたし、中井貴一さん、黒木メイサさんら一流の方ばかりが出演されていました。普通は、主演の俳優陣のスケジュールが大優先だと思いますが、『風のガーデン』は違いました。脚本にも花が随所に絡んでくるので、役者さんが入っても、花がなくては撮影できないのです。

Schedule

花がモチーフのドラマだけに、花の開花時期を最優先で撮影が行われました脚本は、前年の開花状況で書いていますが、これぱかりは自然が相手なので、気候によって、どんどんずれる。どんなにお金を積んでもどうにもなりません。花担当の助監督さんがいらしたのですが、本当に大変だったと思います。

この助監督さん、開花時期に合わせて、役者さんの入る日時を調整するのが重要な仕事。「何月何日にタイムは咲きますかねえ」という具合。最盛期をぴたりと当てるのは、どんなに熟練したガーデナーにとっても難しいのに、私なんてまだ新米です。助監督さんも花のことを熱心に勉強してくださって。「1週間天気が続いたから、月末には咲くかな」と東京と電話でやりとりしながら、スケジュールを決めていきました。

倉本先生はリアリティを追求する方なので、黒木メイサちゃんも3回くらい、上野ファームにやってきて、ガーデナーらしい手さばきに見えるように練習していきました。草とりや鉢上げなど、ドラマに出てこない部分も一生懸命やってくれました。

カンパニュラ

ナツユキカズラ

スノードロップ

上野ファームがドラマに！

上野ファームでも撮影があったんですよ。倉本先生は、地域に密着した設定を使って、リアリティを出そうとされるので、上野ファームも上原ファームとなって、ドラマに登場したのです。上野砂由紀は、黒木メイサさん演ずるルイのおばさん、「上原さゆり」という名前になっていました。

撮影は、庭だけでなく、うちの茶の間でも行われました。緒形拳さんと草笛光子さんがうちの茶の間にいる！　それはもう、ちょっと信じられない光景でした。

緒形拳さんがドラマの放映直前に亡くなられたのは、本当に残念でした。撮影現場には20回以上行っていたので、ほかの出演者の方とは気軽に話もしたのですが、緒形さんはオーラがありすぎて、挨拶するのが精いっぱい。でも、ご挨拶できただけでも幸せというか、違う世界の人のような空気をまとっていました。

実は、この時、我が家でも生死に関わるドラマが起こっていました。

撮影直前、一緒に住んでいたばあちゃんが肺炎でぽっくり逝ってしまったのです。

死を扱うドラマと関わる中で、我が家でも死と直面することになり、不思議な偶然に驚かされました。この時は我が家でも改めて死というものについて考えることとなりました。

上野ファームでガーデニングの手さばきを
熱心に研究していった黒木メイサちゃんと

我が家にも撮影隊がやってきました。
風のシーンだったので、巨大な扇風機が

新たな命

ドラマを撮影した08年は、お祝い事もありました。というのも、07年の秋から一緒に暮らし始めた人と4月に結婚したのです。夫とは、ちょうど倉本先生が上野ファームを訪ねていらした頃に、仕事を通じて一度会っていたのですが、07年の2月頃に再会し、つきあい始めたのは半年後。すぐに結婚を決めました。

彼は旭川市内で家具の組合に勤めているのですが、世界的な家具のコンペを主催したり、海外デザイナーとやりとりしたり。目は常に世界を向いているので、私の仕事も全面的に応援してくれていますし、経営的なことも相談できる私の心の拠り所です。つきあい始めたら、『北の国から』の大ファンだとわかって……初めてのデートは、富良野のロケ地めぐりでした。

そして、結婚直後、なんと妊娠も発覚しました。撮影の立ち会いで、庭で働く間も、赤ちゃんがお腹にいたのです。つわりはちょっとありましたけど、いつも忙しく動きまわっているから、ほとんど気にならなくて。テラコッタを運ぶ作業なども平気でしていました。初めは気を遣われるのがいやで黙っていたのですが、夏くらいかな、スタッフにもカミングアウト。出演者の耳にも入って、中井貴一さんが冗談で、ドラマの主人公の貞美という名前をつけたらと。でも、「救いようのない女好きで、ガンで死ぬ男の話はちょっといやでしょう」と石田えりさんがつっ込んで……みなさん、我が事のように喜んでくれました。

2008年12月16日、無事に生まれた息子には、裕真と名づけました。庭というのは、生と死のサイクルが詰まっているところです。冬には一度なくなっても、春にはまた芽をつける。花を咲かせる。いわば、死と再生が生命の自然のリズムであることを庭は教えてくれるのです。その庭を舞台にした死を扱うドラマに関わる中で、私の人生にも生と死が交錯する……不思議なシンクロだなあと思います。

map.2

新富良野プリンスホテル
ピクニックガーデン

■アクセス

●旭川市街より国道237号線で60km／車で約1時間25分

●帯広から国道38号線で116km／車で約2時間25分

●JR富良野駅からタクシーで10分

●旭川空港から車で約1時間

印象深いグリーンハウスもそのままに残る

「風のガーデン」　公開のおしらせ

ドラマ『風のガーデン』で使用した庭を一般公開します。

主人公の家族が育てたこのガーデンには、計365品種の花が春から秋遅くまで季節ごとに咲き、美しい癒しの風景が楽しめます。

またグリーンハウス内は一部ドラマを再現するセットとなっています。

■営業期間

4月末～10月中旬（予定）

■営業時間

●8：00～16：00

●入園料金　1名さま500円

●定休日：なし

●住所：北海道富良野市中御料

●電話番号：0167-22-1111　ファックス：0167-22-1189

●ホームページ：http://www.princehotels.co.jp/newfurano

■備考

入園料には「風のガーデン」までの送迎代が含まれております。

敷地内ガブリエルの家（売店）では、ドラマで使用されたエプロン、押し花機、花の苗などの販売も行っております。

天候、花の開花状況により、営業時間が変更になる場合もございます。

北海道ガーデンをめざして

Ueno Farm

Hokkaido Garden

憧れのイングリッシュ・ガーデンを実現できなくて、悩んだこともありました。
でも、今は、北国の気候、風土、歴史を生かした、
北海道ならではのガーデンを作りたいと思っています。

北海道ガーデン

イギリスの庭の良いところを学んで帰国したわけですから、私も最初はイングリッシュ・ガーデンを再現したいと思っていました。自分たちでも上野ファームの庭を英国風ガーデンなどと呼んでいたのですが、どうもその呼び方には後ろめたさを感じるようになってきました。それは本当のイングリッシュ・ガーデンにはイギリス独自の気候や風土、偉大な伝統や文化が背景にあるからです。庭作りのデザインや植物の育て方をいくら頑張って学んでも、それだけではイングリッシュ・ガーデンにはならないのです。

そんなもやもやした感情を抱えていた時、道外から来られたお客さまにこんなことを言われました。「北海道の花は寒暖差のせいか色がきれい！」「この時期にこの花とこの花が一緒に咲くのね！」

私はそれまで北海道から出たことがなかったので、本州との違いを知らなかったのです。気温が低く、夏が短いこと。それは本来、北海道で植物を育てる時に不利な面とされていることでした。でもそれがこの庭の個性なのかもしれない。そう思ったら、胸のつかえがスーッととれたような気がしました。

ここはイギリスではなく、北海道。

北の地の気候、風土だからこそ表現できる庭があるのかもしれない。

本州と違う開花期の組み合わせや、寒暖差が作り出すきれいな花色。これらが北海道の開放的な空気と混ざり合って魅力的な風景になるのでは。そう考えた時に、すっと「北海道ガーデン」という言葉が出てきました。

北海道ガーデンは、北海道の魅力を発信する新しい庭です。北国の短い夏の間に凝縮され、刻々と表情を変えていく花々の見せる光景は、まさにドラマのような感じがするのです。ぜひいろんな季節に北海道ガーデンに遊びにいらしてください。

ドキドキしながら、入園料をとる

ずっと無料で開放してきた上野ファームの庭ですが、07年から、思い切って入園料をとることにしました。いろいろな人が来てくれるようになって、芝のメンテナンスやトイレの設置などにお金がかかるように。駐車場も必要になるなど、当初は考えもしなかった事態がたくさん出てきました。自分のお給料を庭につぎ込むような生活だったので、このくらいの庭でお金をとっていいのかなと悩んではいたのですが、お金をいただいて、よりいいものを作ればいいと、頭を切り替えました。

設備といっても、入園料をとる窓口を作るとか、境界をきっちりする方向ではなく、個人宅の雰囲気は残すようにしました。また、やはり地元の方の応援で成り立っているので、リピーターの方にはお得感を持っていただけるように、年間パスポートを600円で発行しています。

また、人まかせの部分が多くなると、上野ファームの持ち味もなくなると思うので、手作りのよさがなくならないように、家族でできる部分は今でもぜんぶ自分たちでやっています。ガーデナーが庭を離れたら、ガーデナーじゃなくなってしまう。いくらお店が忙しくなっても、本分は守りたいですね。

個人宅の庭作りの依頼もありますが、責任の持てる仕事ではないと思って、お断りすることも多いんです。私は、デザインもするけれど、自分の庭を守り育てる一介のガーデナー……それを忘れずにいたいです。

ガーデナーの本分はやはり土をいじって草花を育てること

上野ファームのスタイル

ドラマ『風のガーデン』が放映されて、上野ファームのファンの方たちもとても喜んでくれました。中でも印象的だったのが、上野ファームが関係しているとは知らなかったのに、ドラマを見て、「上野ファームっぽい」と思ったという方が何人もいたことです。最後に流れるクレジットを見て、「やっぱり上野ファームが絡んでいたんだ、とびっくりしました」と教えてくれました。

もちろん、うちにしかないような花を使っているのもあると思いますが、自然な感じというのかな、植物が元気に、のびのびしているのが上野ファーム流のようです。

「上野ファームをこれからどうしたいの？」ってよく聞かれるのですが、特別すごい庭にするつもりはないんです。いらした人がゆっくり庭を見てまわって、カフェでのんびりお茶を飲んだりして、くつろいでいただきたい。そして、「いいところに行ったね」「また来たいね」と言ってくれたら最高なんです。

今年からは射的山の散策ができるようになりました。ガーデンとはまた違った魅力があるところで、ご家族で登って、頂上から旭川の自然を３６０度見渡していただくと、爽快な気分になると思います。

こんな、花以外でも楽しめる雰囲気を作っていきたい。上野ファームにはテーマパークのように興奮するアトラクションはありません。でも、毎週でもふらっと訪れたくなるような近所の庭にしたい。一人でも、グループでも、子供も、大人も、いろんな人が来て楽しめて、安らげる農場にしたいのです。

ご来園を心よりお待ちしています。

青く塗ったベンチをひとつ置くと、おしゃれで清楚な感じに。
上野ファームのスタイルが、小物ひとつにも反映されています

マザーズガーデンの入り口はぶどうのトンネル。秋にはジュースにもします

ワイルドガーデンの片隅にはリンゴ。イギリスでは庭に必ず実ものも植えます

Season of the Harvest

上野ファームはもともと農家なので実がなるものも
作ります（売り物ではありませんが）。
花も実も、動物も合わせて上野ファームの庭

The Mirror Border
圧倒的な７月のミラーボーダー。穂の長い花が競い合うように咲くこの季節ならではの光景です

上野砂由紀●うえの　さゆき
旭川郊外の農家に生まれる。OL生活を経て、イギリスで9か月のガーデニング研修。
その後、旭川郊外にある上野ファームで、家族と庭作りを始める。
２００２年ファーム内にガーデンショップ「丘のふもとの小さな苗屋」をオープン。
脚本家倉本聰さんの抜擢で、ドラマ『風のガーデン』（フジテレビ）に
採用された広大なガーデン作りを担当する。現在は英国風をベースにして、
北海道の気候・風土に合わせて表現した「北海道ガーデン」作りに奮闘中。

Ueno Farm's Marvelous Garden

撮 影：上野砂由紀
取 材：吉原さや子
地 図：前田優子
デザイン：若林貴子

北《きた》の大地《だいち》の
夢《ゆめ》みるガーデン

著 者　上野砂由紀
発行日　2009年５月31日　第１刷発行
発行日　2013年４月13日　第２刷発行

発行者　石渡孝子
発行所　株式会社　集英社
〒101-8050　東京都千代田区一ツ橋2-5-10
電　話　（編集部）　03(3230)6289
（販売部）　03(3230)6393
（読者係）　03(3230)6080
印刷所　凸版印刷株式会社
製本所　共同製本株式会社

造本には十分注意しておりますが、乱丁・落丁（本のページ順序の間違いや抜け落ち）の場合は、お取り替えいたします。購入された書店名を明記して、小社読者係宛にお送りください。送料は小社負担でお取り替えいたします。ただし、古書店で購入されたものについては、お取り替えできません。本書の一部あるいは全部を無断で複写･複製することは、法律で認められた場合を除き、著作権の侵害となります。また、業者など、読者本人以外による本書のデジタル化は、いかなる場合でも一切認められませんのでご注意ください。

©2009 Sayuki Ueno, Printed in Japan ISBN978-4-08-333107-7 C0076
定価はカバーに表示してあります。